Otage judiciaire

Michel Thierry Atangana

avec Anna Véronique El Baze

Otage judiciaire

17 ans de prison pour rien

le cherche midi

Vous pouvez consulter notre catalogue général
et l'annonce de nos prochaines parutions sur notre site :
www.cherche-midi.com

92, avenue de France
75013 Paris

Dépôt légal : avril 2021
ISBN : 978-2-7491-6817-3

À ma mère Julienne, à ma sœur Marie-Noëlle, à monseigneur Jean Zoa, à ceux qui sont décédés pendant ma détention.

À mes enfants, à ceux qui ont souffert de ma détention, à ceux qui m'ont aidé, à ceux qui m'aident.

PRÉFACE

Les liens du cœur

Notre lien avec toi, Michel, est un lien de cœur. Un lien dont la force de l'attachement vaut largement ceux du sang. Nous aurions voulu que notre histoire reste privée et discrète. Mais le malheur qui a touché notre famille nous a obligés à rendre notre relation publique. En réalité, nous n'avons fait que des choses ordinaires en faveur d'un membre de notre famille. Tout le monde aurait fait de même.

Tu étais l'un des enfants que nous avons accueillis à la maison au début des années 1980 pendant leur difficile séjour au Centre héliomarin de Perharidy. Il y venait beaucoup d'enfants atteints de terribles maladies. Leur espérance de vie n'était pas très longue et ces enfants étaient souvent seuls, coupés de leur famille.

Avec toi, ça a été différent. Tu es revenu nous voir quand tu es sorti de cet hôpital. Un lien fort s'est créé entre nous et avec nos quatre filles. Tu étais le grand frère. À partir du moment où tu n'as plus donné de nouvelles, nos filles nous ont interpellés lors des fêtes de famille sans que nous puissions leur donner de réponse. Un jour, notre fille Lénaïg nous a annoncé, après avoir fait des recherches sur internet, que tu étais en prison au Cameroun depuis des années. Nous étions stupéfaits, abattus. Toi en prison, ce n'était tout simplement pas possible ! Les jours suivants furent sans doute parmi les plus pénibles que nous avons eus à vivre. Nous ne savions que faire et nous ne pouvions pas ne rien faire.

Avec nos filles, nous avons donc commencé notre quête d'informations. Notre passé de militants nous a appris que seuls on ne peut rien. Nous avons commencé à sensibiliser notre entourage, les très proches puis les connaissances. Avec leur soutien nous avons interpellé les autorités, en premier lieu Jean-Yves Pendu, conseiller municipal, qui a pris l'initiative de faire signer une pétition par l'ensemble du conseil municipal de Saint-Pol-de-Léon. Puis le Département, mobilisé par Jacques Edern, maire de Sibiril et, à l'époque, élu au conseil général du Finistère, dont le président Pierre Maille s'est intéressé à notre lutte. Ont suivi le ministère des Affaires étrangères, à propos duquel nous ne ferons aucun commentaire, puis la présidence de la République. L'apogée de notre action fut quand le président Hollande nous a proposé de rencontrer sa conseillère pour l'Afrique. Visite que nous avons faite avec maître Tchoungang, bâtonnier de Yaoundé. Et là ! Aussi incroyable que cela puisse paraître, ils ne savaient pas que tu étais français !

Au fil du temps, la mobilisation est devenue forte. Nous n'étions plus seuls. Cette mobilisation, ce sont les médias qui l'ont rendue possible. Au premier chef la presse régionale, *Le Télégramme* et *Ouest France*. Elle est vraiment la voix des sans-voix.

Puis ce fut la « libération ». Malgré le bonheur de te retrouver, nous savions qu'un autre combat allait commencer, peut-être plus difficile. Nous ne connaîtrons la tranquillité que lorsque tu seras totalement réhabilité. Cela avance bien trop lentement. Quand on pense qu'avec un peu de bonne volonté tout pourrait rentrer dans l'ordre. Dans cette lutte, nous avons été confrontés à la très grande inertie de l'État et de bon nombre d'élus. Heureusement, parmi eux, il y a des personnes extraordinaires.

Voilà pour l'histoire. Nous terminerons en parlant de la Bretagne et de notre condition de Bretons. Nous sommes fiers d'être bretons, peut-être à force d'avoir été trop brimés au siècle dernier. Nous sommes fiers et solidaires, notre caractère nous oblige à réagir devant l'injustice. On ne naît pas breton, on le devient. Toi, Michel, tu es devenu breton sans le savoir.

Nous t'avons donné la clé de notre maison en te disant « Tu es chez toi! ». Nous t'avons offert un mouillage de fortune, à toi qui cherchais un port. Monsieur le maire de Saint-Pol-de-Léon te l'a offert, ce port, en te faisant citoyen d'honneur de la ville. Un honneur qui rejaillit sur toute la famille.

Nous nous adressons à toi, Michel, en citant cette phrase tirée du Livre d'Isaïe que nous affectionnons : « Tu comptes beaucoup à mes yeux, tu as du prix et moi je t'aime. »

Catherine et René Grall

AVANT-PROPOS

Juin 2020. Un ami me donne rendez-vous à la terrasse d'un bistro, à deux pas de la place des Ternes à Paris. Lionel veut absolument me présenter Michel Thierry Atangana.

« Tu vas voir. Cet homme est incroyable ! *Son histoire va te toucher. Tu vas changer d'avis !* » me glisse-t-il dans un demi-sourire.

Je m'attends à rencontrer un homme brisé par dix-sept années d'enfermement, et c'est un homme à la prestance solide et au regard paisible qui s'installe face à moi.

Je lui pose d'emblée la question qu'il a déjà dû entendre mille fois :

– Comment avez-vous tenu le coup ?

– J'ai juste tenté de survivre, répond-il avec une simplicité désarmante.

Son regard se voile, s'accroche à la rue pour ne pas vaciller. C'est l'été, un groupe d'adolescents frôlent notre table en se chahutant joyeusement. Michel avale une gorgée d'eau et raconte l'indicible avec ce détachement nécessaire pour tenir la douleur à distance. Peut-être même pour ne pas sombrer dans la dépression ou la folie. Il faut une volonté hors norme pour survivre à tant d'années de torture physique et psychique.

– Et au moment de votre libération. Qu'avez-vous ressenti ?

– Quand ils ont ouvert la porte de ma cellule, j'ai cru que ma dernière heure était venue. Qu'ils allaient me fusiller.

Si les années semblent avoir glissé sur lui, son âme elle n'a pas glissé dans les ténèbres. Bien au contraire, les ténèbres l'ont conduit vers la lumière.

Son regard sur le monde est empreint d'une immuable bienveillance. Sa foi l'a porté, sauvé et reste son premier soutien. Elle l'accompagne, ici comme là-bas dans son tombeau.

Malgré l'injustice absolue dont il est la victime, Michel Atangana n'a ni haine ni soif de vengeance. L'homme irradie d'une sagesse quasi religieuse dont il paraît ne pas avoir conscience. Les atrocités, l'injustice et les souffrances infligées n'ont pas entamé sa foi en l'homme. Elles semblent même l'avoir élevée.

Soudain, comme fatigué de plonger dans son passé, il marque une pause et me fixe, une intensité nouvelle au fond du regard.

Avant-propos

« Je voudrais que ce soit vous. Vous voulez bien m'aider à raconter mon histoire ? »

J'étais venue à ce rendez-vous avec la ferme intention de décliner ce projet d'écriture ; Michel me fit changer d'avis en moins de dix minutes !

Anna Véronique El Baze

1

Maman est morte

Tu es morte aujourd'hui.

À moins que ce ne soit hier. Je ne sais pas. Les gendarmes n'ont pas été très clairs. Allongé dans une pénombre qui me protège des vivants, je fixe obstinément le plafond. Revenir en arrière, te serrer dans mes bras. Une dernière fois.

Ta voix douce et grave tourne dans ma tête.

« Signe le document, mon fils ! Sauve ta vie ! Je t'en supplie, sauve ta vie ! »

Si seulement je pouvais remonter le temps. Si seulement j'étais resté à Paris. Maman, pour te sauver, j'aurais donné ma vie.

À ne pas pouvoir t'obéir, je t'ai tuée.

Rien n'a changé là dehors. Tout est comme avant. Les camions des gendarmes vont et viennent, les moteurs vrombissent à m'en rendre dingue, les pas des hommes frappent le bitume et le même oiseau invisible s'acharne à siffler par intermittence. L'image du perroquet gris accroché à la grille d'une cage posée en devanture d'une animalerie du quai de la Mégisserie s'impose à mon esprit. Lambeau décalé d'une vie volée, d'un monde libre où je pouvais flâner, respirer, lever les yeux vers le ciel. La fissure qui déchire le plafond en plâtre jauni au-dessus de ma tête, elle aussi, est toujours là. Pourtant rien ne sera plus pareil; jamais. Un morceau de mon âme s'est enfui avec toi. Loin d'ici, faisant fi des chaînes, des bourreaux et des accusateurs.

Je suis abasourdi, incapable de pleurer tellement l'annonce m'assomme. Tu m'avais appris le monde avec ta douceur infinie, avec ta fermeté. Ton amour inconditionnel m'obligeait à ne pas fléchir. Tu étais ma colonne vertébrale.

*

Greffière en chef au tribunal de grande instance du Mfoundi à Yaoundé, tu avais travaillé dur pour grimper les échelons tout en t'occupant de nous. Tu étais une femme ambitieuse et volontaire. Je me rappelle la première fois que tu m'avais montré ton bureau. J'avais dix ans. J'étais intimidé et tellement fier d'être ton fils. Tu m'as transmis ta détermination, ton sens aigu de la justice aussi. Ce jour-là, par la fenêtre grande ouverte tu m'avais désigné une file de cars remplis de condamnés en partance pour la prison de Kondengui. Ce pénitencier, c'est l'enfer sur terre. Au Cameroun, les parents en brandissent la menace pour garder leurs enfants sur le droit chemin. Plus efficace que le diable! Plus loin, d'autres hommes arrivaient menottés, en guenilles, la mine sombre. Ils revenaient un peu hagards du bureau du procureur nouvellement domicilié à la prison centrale. Tu m'as inculqué le sens du bien et du mal. La discipline aussi. Tu veillais à me tenir loin de tout risque de dérive, par la foi, par ton amour, par ta présence. Et ce jour-là par une mise en garde : « Regarde-les bien, Michel, c'est ça, la justice. Voilà le sort réservé à ceux qui commettent des crimes ou des délits. Souviens-t'en. Personne n'est au-dessus des lois. Personne. »

Tu avais tort.

*

Les heures passent, la nuit est vide comme la mort, les bruits du dehors se sont tus. Plus jamais tu ne viendras m'apporter à manger, plus jamais je ne lirai cet absolu réconfortant dans ton regard. Depuis cinq ans tu me nourrissais comme on nourrit un enfant, avec la peur au ventre d'apprendre un beau jour ma mort.

Tu t'es battue au nom du fils. Avec acharnement, jusqu'à en perdre tes dernières forces, jusqu'à en mourir de chagrin et d'angoisse. Tu auras résisté mille neuf cent vingt et un jours.

Oublié du monde, incapable de trouver le sommeil, je pense à ce qu'avait été ma vie jusqu'à ce matin ensoleillé du mois de mai 1997. Une vie pleine de promesses dont je voulais te rendre fière. Depuis ce jour maudit, mon regard bute sur des murs à ne plus savoir distinguer le monde au-delà de quelques mètres. De toute façon il n'y a rien à voir au-delà du néant. Alors je ferme les yeux.

Les pensées se bousculent dans ma tête. Le regard dans le vague, je laisse le fil de mon passé se dérouler. Un flot de couleurs, de rires, d'odeurs, d'émotions, de visages me submerge sans que je puisse l'endiguer. C'est bon de se souvenir du monde d'avant ; celui où tu respirais, celui où l'avenir était une réalité. Ce monde où je te savais là pour moi, même lorsque l'océan nous séparait.

Maman, tu étais le miroir de mon âme. Désormais, je suis seul au bord de l'abîme. J'ai trente-sept ans et je suis orphelin.

*

J'ai grandi dans le quartier de Nsimeyong, dans le sud de Yaoundé, la capitale politique du Cameroun, la fameuse ville aux sept collines. Mes quatre sœurs et moi avons eu une enfance heureuse, même si toi et papa viviez séparés depuis mes sept ans. Profondément chrétiens, vous vous êtes démenés afin que je puisse entrer à l'école Sainte-Thérèse de Mvolyé. Au collège, l'approche jésuitique du catholicisme a été une telle révélation que je songeai un temps à devenir prêtre. Mais je savais et comprenais vos ambitions pour moi. C'était ma mission d'assurer l'avenir de la famille. Et de toute façon, chez les Jésuites, il n'est pas incompatible d'être un fidèle rigoureux tout en vivant parmi les hommes.

Mon attachement à l'approche jésuitique du catholicisme est sans doute lié à l'histoire des fondateurs de la Compagnie de Jésus, et à celle d'Ignace de Loyola en particulier, à son parcours édifiant de chevalier devenu un croyant pétri de connaissances. Une telle trajectoire m'inspire parce qu'elle place le croyant dans la vie. Elle démontre que la foi peut s'accorder avec une existence active. Les Jésuites sont un ordre traditionnellement intellectuel, mais ils ne rejettent pas leur époque pour autant. L'importance donnée à l'instruction de la jeunesse mêle théologie, philosophie et sciences. Les règles de discipline très strictes sur lesquelles repose cette éducation m'ont très tôt séduit. Découvrir que les Jésuites ne sont pas seulement impliqués dans l'enseignement dogmatique, mais qu'ils n'ont rien contre les aspects plus pragmatiques de l'existence m'a permis de trouver en eux de solides alliés spirituels.

J'ai quitté le Cameroun pour la rentrée scolaire de septembre 1981. Un départ pour la France riche de promesses. Je me souviens de ce drôle de mélange incohérent de joie et de peine à l'heure de vous quitter. J'ai lâché ta main pour avancer d'un pas rapide sur le tarmac en direction de l'avion. Je serrais les poings si fort. Je ne les ai desserrés que lorsque les roues du Boeing ont quitté le sol. L'aéronef a vite pris de l'altitude. Par le hublot, je m'émerveillais de l'immensité de ma terre natale. C'était grandiose. Un gigantesque tableau figuratif barbouillé à l'infini d'ocre et de vert, qui soudain s'est transformé en une immensité bleue aux reflets scintillants. Mon pays natal disparaissait au fond de l'horizon et moi j'étais propulsé dans ma vie d'adulte. Une page s'est tournée à 900 kilomètres-heure.

*

Je suis revenu douze années plus tard. J'avais réussi. J'étais devenu un expert reconnu de la finance. Papa était mort peu avant mon retour. Ma seule maigre consolation est qu'il n'aura pas assisté à ma déchéance, ni dû se battre pour ma survie.

Aujourd'hui, je suis une bête en cage, cloîtré au deuxième sous-sol du secrétariat d'État à la Défense de Yaoundé. Allongé sur le dos, je presse mon avant-bras sur mes yeux. Effacer les murs, fuir l'odeur infecte, bloquer les larmes. M'évader dans le passé pour supporter l'insupportable. Laisser le flot des souvenirs noyer mon désespoir.

*

Une de tes sœurs m'a accueilli au Vésinet, non loin de Paris. J'étais scolarisé en classe de première au lycée Jean-Baptiste-Poquelin de Saint-Germain-en-Laye. L'établissement dispensait une formation orientée vers la finance. Passionné de philosophie et de théologie, je me concentrais pourtant sur cette matière, vigilant à ne pas me détourner de mon objectif.

En France, je me suis senti à ma place. J'aimais ce pays dont je connaissais l'histoire et la langue. J'étais avide d'apprendre, j'avais hâte de rencontrer d'autres lycéens, de découvrir nos différences aussi. Je ne m'ennuyais jamais. Ce nouveau pays, j'y ai pris mes marques avec une déconcertante évidence. Une période bénie qui a duré plusieurs mois.

Les derniers temps avant mon départ du Cameroun, il m'était arrivé de ressentir une douleur diffuse dans le bas du dos. En France, la douleur s'est accentuée pour devenir insupportable et un examen a révélé que je souffrais de spondylolisthésis, une affection des vertèbres provoquée par le glissement d'une vertèbre sur une autre. Pour éviter un handicap permanent, il fallait m'opérer sans tarder. À l'hôpital Raymond-Poincaré de Garches, les médecins n'ont pas pris de gants pour m'annoncer que je pouvais me réveiller paralysé et que la convalescence serait longue. J'ai intégré la nouvelle avec le calme qui me caractérise. Je crois posséder une sorte d'« amortisseur émotionnel » structurel !

La phase de réanimation a été longue, pénible. À mon réveil, j'étais paralysé et équipé d'une sonde urinaire. À la suite d'un léger arrêt cardiaque, on a rapidement diminué la dose d'antidouleurs. Les premiers jours de convalescence, j'ai souffert le martyre, mais je positivais en me répétant que de toute façon je devais limiter les antalgiques si je voulais poursuivre mes études.

À ma sortie de l'hôpital, trois mois plus tard, on m'a transféré en Bretagne, à Roscoff, dans un centre de rééducation de longue durée pour enfants. J'avais dix-sept ans, ma jambe droite était quasi paralysée et je ne tenais pas debout. Ce centre était un endroit où se côtoyaient des enfants lourdement handicapés. Il n'y avait rien à faire en dehors des séances de rééducation et des soins. On n'allait pas à Roscoff pour guérir, on y allait pour y passer sa vie – dans le meilleur des cas. C'était le bout du monde.

C'est du moins ce que je croyais avant de connaître l'enfermement. Comme si ma maladie et ma disposition à aborder toute difficulté avec recul m'avaient préparé à l'immobilisation. Face à toute problématique nouvelle, j'analyse avec une forme de distance, puis je me concentre sur l'essentiel. Au centre de rééducation, je me suis ainsi concentré sur mon objectif : passer le bac ! La rentrée scolaire de terminale approchait et il était hors de question de perdre des mois à cause d'une vertèbre ! À force d'insistance, j'ai obtenu la mise en place de cours à distance avec le lycée Poquelin.

Les Jésuites, avec lesquels j'étais en contact depuis mon arrivée en France, m'avaient suggéré de passer un concours pour bénéficier d'une bourse d'enseignement. Si l'opération m'en avait empêché, j'avais noué des liens durables avec les pères. Ils prenaient de mes nouvelles et me faisaient parvenir des cours de théologie. Prisonnier de mon lit, j'étudiais et je réfléchissais à la notion de foi. J'en ressentais la profondeur. Je la discutais et la pensais avec bonheur. Que signifiait avoir la foi ? Je leur posais mille questions. J'aimais les mots et je les aime toujours. Passionnément. Ils sont un réconfort dans mon tombeau, un sas de liberté. Les mots, le verbe, la pensée, l'évasion. Ma foi aussi. Ça, personne ne me l'arrachera à moins de m'assassiner. Les militaires peuvent toujours menacer, cogner, vider ma cellule.

Souvent je m'interroge. Et si cette épreuve, c'était mon chemin ? Et si la vie m'avait préparé pour affronter ce cauchemar ? J'avais expérimenté l'isolement, l'aliénation du corps, la souffrance physique et psychique. J'avais appris la force de la foi aussi. Comme si j'étais prédestiné à vivre l'enfermement. Dans quel dessein ? Je ne sais pas. Un jour je saurai. J'en ai la conviction.

Le jour où j'ai appris ta mort, l'envie de mourir m'a traversé. Mais le suicide est une défaite et j'aurais donné la victoire à nos bourreaux.

« Fais-moi vivre ! », depuis ta mort cette phrase de la Bible est mon leitmotiv. Dans la solitude de ma souffrance, dans l'absolue déréliction où je survis, je m'accroche à la lumière de ces mots : « (Psaume 118, verset 25) Mon âme est collée à la poussière : fais-moi vivre selon ta parole. (Verset 37) Détourne mes yeux des idoles : que tes chemins me fassent vivre. (Verset 40) Vois, j'ai désiré tes préceptes ; par ta justice fais-moi vivre. (Verset 77) Que vienne à moi ta tendresse et je vivrai. (Verset 88) Fais-moi vivre selon ton amour : j'observerai les décrets de ta bouche. (Verset 93) Jamais je n'oublierai tes préceptes : par eux tu me fis vivre. (Verset 149) Dans ton amour Seigneur écoute ma voix ; selon tes décisions fais-moi vivre ! (Verset 154) Soutiens ma cause : défends-moi. En ta promesse, fais-moi vivre.

(Verset 156) Seigneur, ta tendresse est sans mesure : selon ta décision, fais-moi vivre ! »

*

L'officier de gendarmerie n'a toujours pas répondu à ma requête de sortie exceptionnelle. La cérémonie funéraire se tiendra à deux pas d'ici. Deux heures dehors, hors de mon tombeau, pour te rendre un dernier hommage. Il ne peut pas me le refuser. Lui aussi est un fils.

J'ai le corps endolori ; je suis anéanti, physiquement, moralement. La moiteur m'étouffe et je grelotte. Rester allongé sur ce lit dur comme la pierre posé sur un sol en ciment incliné est une torture. De toute façon, ma fatigue est telle que je n'ai plus la force de dormir. Fermer les yeux, retourner dans mon passé.

*

J'allais passer dix-huit mois immobilisé au Centre héliomarin de Perharidy, le « sana » comme nous l'appelions. On y accède par une longue route lugubre bordée de sapins formant une épaisse voûte naturelle masquant le ciel. Par-delà les arbres des deux côtés, la mer brune et agitée. À plat ventre vingt-quatre heures sur vingt-quatre, coincé sur un étroit lit-chariot, le torse emprisonné dans une coque en plâtre, je me laissais bercer par son ressac incessant, parfois couvert par le hurlement du vent dont les lanières invisibles fouettaient les pins du parc alentour. Je souffrais et j'écoutais les éléments, des heures durant, avec l'incertitude de vivre un lendemain. Quand la cloche sonnait en dehors des heures de messe, elle annonçait le décès d'un pensionnaire. Une angoisse constante. Mon traitement était lourd, l'avenir incertain. Mais j'avais une mission : décrocher le bac. Plus qu'un objectif, étudier, c'était ma thérapie.

Contrairement à la plupart des grands adolescents déracinés venus du Maghreb ou d'Afrique subsaharienne, je n'avais jamais été malade auparavant. Pour autant, nous étions unis par un même sentiment d'abandon, volontaire ou subi, de nos proches. Les médications étaient puissantes et je refusais de les prendre sans explication. Une obstination qui a mené une infirmière à mon chevet. Mon fort caractère intriguait Catherine. Elle savait me réconforter, me soigner, m'apaiser. Je ne voulais voir personne d'autre. Il faut dire que là-bas, les maladies de certains enfants semblaient effrayer les soignants. Peur irraisonnée de l'inconnu sans doute.

Je pensais souvent à Ignace de Loyola. Blessé aux jambes et immobilisé, il avait découvert sa vocation dans ce moment de vie. Ce parallèle m'a aidé à surmonter l'épreuve, même si je n'ai jamais eu la prétention de me comparer à ce prêtre, grand théologien, fondateur de la Compagnie de Jésus au XVIe siècle. Mais contre l'immobilité, il n'y avait rien à faire et l'époque n'y changeait rien. Je vivais sur un lit électrique Stryker, une merveille technologique équipée de roues que je poussais à la force de mes bras, allongé sur le ventre. Toutes les six heures on me changeait de position.

Aujourd'hui, je dois faire de même pour supporter l'inconfort du lit de ma cellule. Le handicap n'est plus en moi. Il me cerne.

*

L'immobilité forcée, je l'ai subie une première fois à l'âge où tout semble possible. J'avais tellement à vivre et j'étais plongé dans la plus implacable des prisons : celle de la maladie. Et je l'ai vaincue.

Ma cellule, j'en connais les limites, les contours, les moindres recoins. Alors oui, c'est promis maman, je la vaincrai aussi, armé de ma foi, mon alliée, mon antidote aux maux de l'âme, à l'injustice, au sadisme de mes geôliers. Pourtant ce soir je flanche. Pas sûr de tenir sans toi. Pas certain de trouver assez de ressources en moi. Envie de te rejoindre.

« Sois fort Michel, bientôt tu seras dehors. Sois fort ! » Tu me répétais ça en boucle les rares fois où j'ai été autorisé à te parler. Mais ton regard n'y croyait pas. Tu n'as jamais été bonne comédienne. Moi non plus je n'y crois plus.

Debout, les mains posées à plat sur le mur glacé et humide, je prie longuement. Retrouver la force, un chemin, un sens supérieur : « Dans ton amour Seigneur écoute ma voix ; selon tes décisions fais-moi vivre ! Soutiens ma cause : défends-moi. En ta promesse, fais-moi vivre ! »

*

Si mon quotidien au « sana » était un calvaire, un lien fort s'est noué avec mon infirmière. Elle a promis de m'accueillir dans sa famille le week-end dès que je serais libéré de ma coque. Son mari, René, avait créé une association pour les enfants du centre. Une initiative difficilement acceptée par le personnel soignant mais qui permettait aux jeunes patients de s'échapper de temps à autre de ce cadre morose. Catherine et René ont trois filles, à l'époque âgées de deux, huit et dix ans. J'étais le grand frère, celui qui aidait aux devoirs, celui qui préparait du chocolat chaud toujours trop sucré.

Depuis mon arrestation, je n'ai pas le courage de les faire prévenir. Je ne veux pas leur infliger cette peine. Ma disparition leur sera moins difficile que de me savoir là. Et puis j'ai honte. À quoi bon les entraîner dans cette folie ? À force, ils m'oublieront.

J'ai donc effectué mon année de terminale par correspondance, bloqué sur mon lit à roulettes, pour devenir le premier – et probablement le seul – bachelier de l'histoire du « sana » de Roscoff! L'année suivante, j'y suis retourné régulièrement tout en suivant une classe préparatoire à Paris pour intégrer une grande école de commerce. Ces allers et retours m'ont fait manquer trop de cours pour que je réussisse à intégrer l'école convoitée. J'ai donc opté pour une licence de finance, économie et gestion, les horaires plus flexibles de l'université me permettant de composer avec mon handicap. J'ai intégré l'Institut d'administration des entreprises de Clermont-Ferrand, décroché un DESS en finance et gestion, puis suivi un troisième cycle spécialisé en gestion de l'agroalimentaire. En parallèle, j'ai multiplié les stages et je n'ai pas tardé à obtenir mon indépendance financière.

Au-delà des diplômes, ce sont les enseignements qui m'intéressaient. L'aspect théorique me passionnait. Je ne me sentais pas un pur intellectuel, mais la légèreté et le divertissement ne m'avaient jamais attiré. Je suis convaincu que les sciences humaines et la philosophie ont enrichi mon parcours plutôt technique. J'ai suivi un troisième cycle en finance parce que c'était nécessaire à ma carrière. Mais mes idées sur la finance, et en général, se nourrissent ailleurs.

*

Ce matin, ça fait cinq jours que tu es morte. L'enterrement est fixé au 17 août. Il me reste six jours pour les convaincre. Tes années sacrifiées à veiller sur moi à distance, les heures passées à crier ta révolte à un système judiciaire auquel tu avais consacré ta vie ne peuvent pas rester vaines. Je vais me battre. Jusqu'à mon dernier souffle. Mais avant ça, je dois absolument te retrouver. Besoin de m'agenouiller devant ton cercueil. Besoin de te dire adieu pour accepter ton absence. Ensuite je me redresserai. Un jour je sortirai d'ici. Un jour justice sera rendue.

*

L'image de deux petits garçons s'impose à moi. Mes fils ne reverront jamais leur grand-mère. Étienne et Éric ont aujourd'hui sept et onze ans et je ne sais plus les traits de leurs visages, leurs voix, leurs rires. Ils étaient si jeunes quand ma vie s'est arrêtée. J'ai peur qu'ils ne m'oublient.

Leur mère et moi nous sommes rencontrés à la fac. Nous nous sommes mariés très vite, puis installés à Paris, non loin de la Porte d'Auteuil, à deux pas du stade Roland-Garros. Je suis fan de tennis, j'y jouais régulièrement et chaque mois de mai je suivais avec passion les matchs du tournoi de Roland-Garros. Je menais l'existence d'un jeune père de famille comblé. J'avais construit un foyer, obtenu la nationalité française en 1988 et mon activité professionnelle était florissante. Expert financier pour le compte du groupe Jean Lefebvre, spécialisé dans les travaux routiers, j'avais multiplié les missions sur des chantiers d'envergure. Spécialiste en restructuration financière, j'exerçais en parallèle une activité de conseil pour diverses entreprises. J'avais notamment été amené à travailler pour Nestlé, Mitsubishi, Philips ou encore Caterpillar. À vingt-neuf ans, je vivais mon rêve et j'avais comblé les attentes de mes parents.

C'est alors qu'on m'a parlé de la création d'un comité de pilotage et de suivi des projets routiers, le Copisur. Sa mission consistait à assurer la construction des axes de Yaoundé-Kribi et Ayos-Bertoua. Je connaissais le déficit routier criant du Cameroun, un pays en grave crise économique où les difficultés de circulation d'une région à une autre n'arrangeaient rien.

Le président Paul Biya évoquait régulièrement sa volonté de lancer de grands chantiers routiers qu'il fallait financer. J'avais déjà contribué à la réalisation de plusieurs projets à l'international par le biais de mécanismes de financement innovants. L'un des enjeux était de trouver le moyen de faire se rencontrer l'État et le privé. L'administration du Cameroun est très centralisée. Elle reprend dans ses grandes lignes le système keynésien, selon lequel l'État organise les institutions et régule l'économie. Ce principe s'applique de façon parfois excessive et peut devenir un obstacle. Ainsi, il s'était avéré impossible de créer une société qui puisse prendre en charge le lien public-privé. La solution avait donc consisté à mettre en place un comité fondé par arrêté présidentiel. Le Copisur était une structure qui obéissait au principe de subsidiarité, selon lequel l'échelon supérieur renonce à faire ce qui peut l'être au niveau inférieur. Autrement dit, ce comité devait être une entité relativement simple qui dégagerait de ses responsabilités une organisation plus complexe, tel un ministère. Il serait l'intermédiaire entre les administrations compétentes et les groupes privés internationaux choisis pour le financement et la construction des axes routiers. Voilà comment l'État et les acteurs privés devaient devenir des partenaires solidaires dans un projet destiné au bien-être de la population et au développement de l'activité économique.

C'est dans ce contexte constructif que j'ai pris part à une réunion décisive du conseil économique de l'État français en tant qu'expert financier pour des groupes de BTP. Je n'avais pas trente ans et j'étais sûrement le seul expert français d'origine africaine titulaire d'un diplôme de troisième cycle en finance ! Tandis que les discussions achoppaient sur un point technique assez complexe, j'avais pris la parole face à Édouard Balladur, alors ministre de l'Économie et des Finances, de son alter ego camerounais et du président Paul Biya pour suggérer un mécanisme de financement favorable à toutes les parties.

À l'issue de cette réunion le président Biya a demandé une assistance technique à la France pour restructurer le dossier financier.

*

Le temps s'étire. Comme toujours. Aucun gendarme n'est venu me confirmer l'accord de sortie. Il est quatorze heures, l'heure probable de mon « bain de soleil », comme mes geôliers appellent mes moments de respiration sous la véranda. La démonstration de force quotidienne ne va pas tarder. Le ballet est bien rodé. Dans ce camp militaire, mes sorties font l'objet d'une parade aussi grotesque que pathétique. Aucune sortie de cellule sans la présence sur le seuil de ma porte d'une impressionnante armada de forces de sécurité constituée du corps d'élite qui me garde (l'équivalent du

GIGN en France) et des gendarmes antigang du SED (l'équivalent de la police judiciaire). L'ouverture de ma cellule requiert *a minima* la présence de ces deux unités d'élite. Elles se surveillent mutuellement, chacune dispose d'un jeu de clés et note scrupuleusement dans son propre cahier les heures d'ouverture et de fermeture des deux lourdes portes qui mènent à mon tombeau. J'allais oublier l'équipe du renseignement militaire qui vient souvent les épauler dans cette périlleuse mission !

J'offre toutes les garanties de sécurité. Je ne tenterai rien pour m'échapper. Ils le savent. Je serais dans la ligne de mire de dizaines de mitraillettes. C'est d'ailleurs un miracle qu'aucune balle perdue ne m'ait encore fauché. C'est ma hantise quotidienne. Le silence est total.

« Sois fort Michel, bientôt tu seras dehors. Sois fort ! »

*

À la demande de la France, j'ai accepté de prendre la tête du Copisur. Le consortium réunissait treize entreprises françaises et plusieurs groupes pétroliers. L'objectif était de faire venir, ou revenir, ces entreprises au Cameroun (certaines y avaient mis fin à leur activité à force de dettes non honorées par l'État). En contrepartie, l'État verserait au Comité une part des redevances et taxes, des droits de douane, des contributions au titre de la taxe spéciale et autres impôts perçus par l'État dans le cadre des activités normales du groupement professionnel des entreprises. Mon rôle était d'assurer à ces entreprises internationales une sécurité réglementaire. Le Comité gérait le mécanisme et permettait de garantir les paiements futurs des sociétés. Il évitait, en cas de crise économique, que les caisses publiques soient les seules à financer les travaux.

Début 1994, le projet était bien avancé et nous étions quasi assurés de recevoir l'aval du président Biya. Il était devenu indispensable, au grand désespoir de ma femme, que je m'expatrie au Cameroun pour quelques années. À l'époque, l'Afrique était présentée comme le continent de la famine et des guerres tribales. Les images d'enfants squelettiques circulaient sans cesse. Le bloc de l'Est se délitant, on avait le sentiment, vu de France, que l'Afrique partait inéluctablement à la dérive. Avec le recul, je réalise combien elle devait me trouver naïf de croire que j'allais faire des miracles là-bas. Elle a tenté de me convaincre. Nous étions heureux, notre pays, c'était la France ! J'avais même abandonné la nationalité camerounaise (le Cameroun n'admet pas la double nationalité pour les hommes). Un choix fait en conscience. Je voulais être pleinement français. Mais j'étais à l'âge où on se construit et je voyais là une opportunité unique d'assurer ma carrière d'expert financier international.

Le 8 juillet 1994 était officiellement créé par décret présidentiel le Comité, mis sous la tutelle directe du secrétaire général de la Présidence du Cameroun, le professeur Titus Edzoa. J'en ai accepté la présidence, convaincu que dans une carrière d'expert une telle opportunité ne se présente pas deux fois. Mon épouse n'avait pas été la seule à exprimer des réserves. Certains de mes amis d'études considéraient que je pouvais viser mieux. Mais je voyais les choses autrement, et travailler au Cameroun m'intéressait sûrement à titre personnel. Contribuer au développement de mon pays natal faisait sens à mes yeux. Et c'était aussi l'occasion de me rapprocher un temps de toi.

De plus, au contraire des projets sur lesquels j'avais travaillé jusque-là, celui-ci s'intégrait à l'économie générale d'une nation. Tout était à imaginer, à concevoir, des lois pourraient être modifiées. Hélas ! Je n'étais pas parvenu à transmettre mon enthousiasme à ma femme, qui avait refusé de me suivre et demandé le divorce. C'est seul que je me suis installé à Yaoundé. J'avais, sans prendre la mesure de cette décision, sacrifié ma famille à mon travail. Mais je devais acquérir cette expérience à l'international pour assurer l'avenir des miens. J'allais priver mes deux petits garçons de leur père. Bien sûr, j'allais revenir régulièrement les voir à Paris. Je pensais que cela ne serait que transitoire. Avec le recul, je réalise mon inconscience d'alors. Le temps ne se rattrape pas.

*

Et si l'officier de gendarmerie refusait de me laisser sortir ? Il sait comme je suis proche de toi, à quel point ta disparition m'anéantit. Cet homme est depuis des années le témoin indifférent de tes allées et venues, de la force discrète de ton soutien, arraché à ta santé de plus en plus fragile.

Et s'il voyait là un nouveau moyen de me châtier? Nier mon amour filial, m'empêcher d'être à tes côtés pour un ultime adieu. Personne ne pourra l'en blâmer. Il est des supplices qui ne laissent pas de traces sur le corps.

*

À Yaoundé, j'ai vite découvert qu'il ne faisait pas bon être noir face à un expatrié français. Mon salaire était faramineux à l'échelle du pays. Je gagnais davantage que les plus hauts fonctionnaires d'État! Un Noir honnête ne pouvait pas avoir un tel niveau de salaire! Un redoutable handicap dont je n'avais pas mesuré l'impact.

« Cet homme est un mercenaire! lancera le procureur lors de mon semblant de procès. Il met en place des mécanismes financiers complexes pour ne pas être compris par notre administration! » En écho, un homme dans la salle d'audience hurlera : « Il a commis le crime de l'innovation! »

Ma mission était destinée à durer. La mise au point du fonctionnement du Comité, la conception des routes, leur construction et l'organisation de leur gestion allaient nécessiter une dizaine d'années. J'avais quitté le Cameroun à l'adolescence, et en dehors de ma famille j'y avais peu de relations. Mes enfants me manquaient terriblement, mais la vie mouvementée du Comité accélérait le temps. Peu à peu Titus Edzoa m'a confié d'autres missions au service de l'État, en ma qualité de spécialiste de la finance. À la présidence, on m'avait vite surnommé « l'Abbé compétiteur »!

J'allais à l'église chaque matin et je menais une existence simple, assez solitaire en dehors du travail. C'est dans ce contexte que j'ai rencontré ma seconde épouse. Vivre seul et sans famille à Yaoundé m'était difficile. C'est sûrement pourquoi je me suis si vite remarié.

Le Cameroun était à la croisée des chemins. La sécheresse de sa trésorerie le plaçait en situation inconfortable vis-à-vis de ses créanciers, et les responsables des finances cherchaient des solutions alternatives que je semblais capable de leur apporter. Au fond, il ne s'agissait pas juste de mettre sur pied le comité qui allait se charger de la construction des routes. Le projet visait plus largement à juguler la crise économique qui frappait le pays. Il fallait réformer le système pour attirer les entreprises européennes, de plus en plus tournées vers la Chine. Celles-ci offraient un transfert de technologies que les pays émergents ne pouvaient attendre ni de la Chine ni d'ailleurs.

Il s'agissait aussi de trouver une autre voie que celle que proposait le Fonds monétaire international. Au nom de la compétitivité qu'il fallait à tout prix restaurer dans les pays concernés, le FMI prônait des mesures parfois brutales, notamment en imposant une réduction des dépenses publiques. Une austérité dont on percevait nettement les impacts au Cameroun. Le Copisur avait été créé pour faire entrer l'économie camerounaise dans un cercle vertueux de croissance, celui qui se mesure par la création d'emplois. Sous Balladur, le franc CFA avait connu une dévaluation de 100 %, causant une vague de pauvreté sans précédent. Une décision prise à Paris, sans concertation, sans qu'aucune loi ait été votée au Cameroun. Le Politique ne pouvait pas rester inactif. Autrement dit, le Comité s'inscrivait dans une dynamique de réveil de l'économie, sous le contrôle de la présidence de la République. À l'époque, Paul Biya avait encore la prestance d'un dirigeant volontaire. En ce sens, le Comité était porteur de grandes ambitions.

*

Ton enterrement est dans trois jours. L'officier de gendarmerie qui reçoit ses ordres du ministre de la Défense, Amadou Ali, a refusé de m'accorder une autorisation de sortie exceptionnelle. Bien sûr, ce faisant, il ne me maltraite pas directement et le CICR (Comité international de la Croix-Rouge) n'aura rien à redire.

Face à mon insistance, le gendarme responsable de la coordination de ma garde me dit avoir trouvé un accord avec le procureur de la République pour satisfaire mon « caprice ». Aucun budget n'est allouable à cette sortie, mais il peut mobiliser une escorte exceptionnelle moyennant finances et me propose de remettre, *via* mon avocat, la somme nécessaire à couvrir les coûts de ma « sortie » : 500 000 francs CFA, assurant la rémunération des gardes, leurs repas ainsi que les frais de carburant.

2

Le jour où la vie s'est arrêtée

Les fonds ont été remis au procureur grâce à la mobilisation de mon petit comité de soutien à Yaoundé. Je me suis habillé dès l'aube pour être prêt au cas où ils viendraient me chercher de bonne heure. Assis sur mon lit, face au mur, je prie. Hâte d'entendre le bruit grinçant de la serrure qu'on déverrouille. J'attends mes geôliers, ou plutôt mon armada privée. L'émotion est intense mais sous contrôle. Ne rien laisser paraître.

Je vais te retrouver à l'église – une dernière fois. Les heures passent, une angoisse sourde s'installe. Je me raisonne. Ce n'est qu'un retard. C'est sûr. Ils seront bientôt là.

*

Lundi 12 mai 1997. Je n'oublierai jamais chaque seconde de ce jour où nos vies ont basculé dans les ténèbres. Parce que toi aussi maman, ta vie a basculé ce jour-là. Depuis, chaque journée est un cauchemar éveillé.

Comme chaque matin avant de rejoindre mon bureau, je me suis rendu à la messe de six heures trente, à l'église de Mvolyé. Un rituel qui me permettait d'aborder ma journée de travail avec sérénité. Ce lundi de printemps, mon épouse m'y a accompagné. Au sortir de l'église, j'ai échangé avec d'autres paroissiens. Derniers instants de ma vie, celle qu'on allait me voler. Le ciel était d'un bleu limpide. Ça aussi j'allais le perdre.

Ce matin-là, la circulation était dense et le temps à l'orage. Pas un brin d'air. Nous roulions vitres baissées. Arrivé au carrefour Bastos, je me suis retrouvé à l'arrêt, capot contre capot.

Sept heures trente. Dernière minute d'insouciance. Soudain des hommes en uniforme ont surgi de toutes parts. Ils fonçaient droit sur nous. À pied, à moto, en voiture. Tous lourdement armés. Certains dirigeaient déjà leurs mitraillettes dans ma direction. Ils étaient des dizaines, voire une bonne centaine. Ils déboulaient de partout, la haine au fond des yeux. En moins d'une minute nous avions été encerclés à ne plus rien distinguer d'autre qu'une foule compacte d'hommes en uniforme. Les armes étaient pointées sur moi. J'ai verrouillé les portières, crié à ma femme de remonter sa vitre. Réflexe absurde, dérisoire. Comme si nos vitres pouvaient bloquer une rafale de balles. Le flot était incessant, d'autres hommes se joignaient à la curée. Les gyrophares et les sirènes hurlaient de conserve. Ils étaient toujours plus nombreux. Je reconnaissais certains uniformes, ceux de la gendarmerie, de la police, mais aussi ceux des forces spéciales. J'étais dans une confusion totale, pétrifié par un sentiment mêlé de peur et de stupeur. Mon épouse pleurait. Un agent a cogné ma vitre en vociférant :

– Baissez la vitre tout de suite, sinon je donne l'ordre de tirer !

J'ai obtempéré. L'homme a glissé sa matraque dans l'ouverture pour m'empêcher de remonter la vitre.

– Vous êtes bien Michel Thierry Atangana ?

Le ton était agressif.

– Que se passe-t-il, que voulez-vous ?

J'étais ahuri.

– Répondez. Êtes-vous Michel Thierry Atangana ?

– Oui, c'est moi.

L'homme dans son dos aboyait dans son talkie-walkie : « L'oiseau est dans la cage, l'oiseau est dans la cage ! »

– Coupez le moteur. Vous êtes en état d'arrestation. Vos armes !

On me sommait de donner mes armes ? Cela m'a presque rassuré. Il y avait bien erreur. L'homme au talkie ordonnait encore :

– Vos armes !

– Je n'en ai pas.

Un homme en uniforme des forces spéciales s'est approché et a réitéré la question :

– Vous êtes bien Michel Thierry Atangana Abega ?

J'ai encore acquiescé. Je sentais l'agitation, les rivalités entre les services. Je n'arrivais pas à identifier qui commandait. Pas sûr qu'ils le savaient eux-mêmes! J'ai tenté de les convaincre. Je ne possédais pas d'arme!

– Bien sûr. Fouillez le véhicule!

– Je ferai ce que vous me demandez, mais laissez partir ma femme.

– Qui est-ce? a demandé l'homme des forces spéciales, réalisant à mes mots que je n'étais pas seul dans le véhicule.

– C'est mon épouse, laissez-la partir. Elle n'a rien à faire là.

Ils l'ont laissée sortir de la voiture sans même vérifier son identité. Un agent de la gendarmerie, cette fois, lui a ordonné de déguerpir. Elle a tenté de résister aux mains qui l'éloignaient. Je l'entendais qui suppliait. J'ai voulu sortir à mon tour du véhicule pour la protéger; un agent m'en a empêché, elle a fui à pied à travers la foule et les véhicules.

Une fois ma femme partie, ils m'ont extirpé de mon siège et refoulé en direction d'un véhicule de police. J'ai été piétiné, bousculé, frappé; pourtant je n'ai opposé aucune résistance. On m'a poussé sur la banquette arrière et ordonné de rester allongé. Le véhicule a démarré. Je tentais de deviner quelle direction nous prenions. J'avais perdu tout repère, même si l'allure semblait indiquer que nous n'avions pas quitté Yaoundé. Les sirènes retentissaient sporadiquement, un calme relatif s'était installé dans l'habitacle. La conduite était brutale, les coups de frein violents. Cherchaient-ils à me faire basculer au sol? À m'ébranler? Le conducteur et son acolyte étaient silencieux, les messages radio incessants. On roulait depuis des heures. Yaoundé n'est pourtant pas une grande ville. Je commençais à croire qu'ils ne savaient pas eux-mêmes où me conduire ! On me baladait comme on exhibe un condamné sur le chemin de l'échafaud. Toute la ville devait avoir eu vent de mon arrestation. Me promenait-on pour ajouter l'humiliation à la violence de l'interpellation ? On m'affichait, même si je restais invisible ! La procession a duré plus de cinq heures, ponctuée par le hurlement intermittent des sirènes et les violents soubresauts du véhicule. Je ressentais une douleur anormale au pied droit, celui qu'avaient écrasé les bottes de plusieurs agents. J'avais soif, je n'avais rien avalé depuis la veille. Je pensais à ma femme. Je m'inquiétais pour toi aussi. Comment allais-tu réagir à l'annonce de mon arrestation ?

La peur me soulevait par vagues. J'imaginais que les policiers qui me bousculaient à travers la ville avaient pour ordre de me tuer. À quatorze heures, la parade a pris fin. J'arrivais au terme du voyage dans la cour d'un bâtiment austère, celui de la police judiciaire. Le lieu, un camp militaire, semblait en état de siège. La garde présidentielle s'était jointe aux différentes unités – gendarmes, forces spéciales, policiers – qui m'avaient kidnappé. On est venu me tirer de la banquette arrière. J'avais du mal à marcher après avoir été brinquebalé pendant des heures ; mon pied me faisait atrocement souffrir. Tous les agents venus m'arrêter au carrefour Bastos étaient là. Une splendide revue de troupes ! Sous bonne garde, quoique sans menottes, on m'a conduit au premier étage, dans un vaste bureau envahi d'uniformes bigarrés.

*

Ce matin du mois de mai, nos vies ont explosé, au sortir de l'église où je priais enfant. Combien de fois depuis es-tu allée à l'ambassade de France à Yaoundé ? Combien de fois t'ont-ils refoulée, ignorée, ballottée de désespoirs en désillusions ?

Tu es morte. J'ai le cœur lourd.

Le jour de mon arrestation, j'ai perdu mon identité. Les autorités m'ont confisqué mes papiers, ma carte de séjour d'expatrié, mon passeport, ma carte d'identité. Et l'ambassade de France n'avait plus trace de mon existence. Les administrations française et camerounaise avaient égaré de concert les documents attestant ma nationalité française. Je m'étais pourtant bien fait enregistrer à l'ambassade dès les prémices de ma future installation à Yaoundé, fin 1993, y laissant copie de ma pièce d'identité française et de mon permis de séjour délivré par le Cameroun. J'avais noté dans mes discussions avec les autorités du consulat que nombre de Français s'installaient en Afrique centrale sans s'enregistrer au consulat, s'excluant ainsi de tout rapport avec la France.

Le piège s'était refermé. Pourquoi ? Comment ? Les liens étroits entre le premier conseiller diplomatique de Biya, ancien ambassadeur de France au Cameroun aujourd'hui installé au palais présidentiel, ont-ils joué dans cette disparition très opportune ?

Je suis Michel Thierry Atangana Abega ! Je suis français ! Français ! D'origine camerounaise certes, mais français ! Tu m'as appelé Thierry parce que je suis né le jour de la Saint-Thierry. Chaque 1er juillet, je t'accompagnais à la messe. Et je continuerai. La foi n'a pas de nationalité ! Elle est une liberté inaliénable. La seule qu'il me reste.

17 août 2002. C'est aujourd'hui qu'on va te mettre en terre. Debout dans le noir, face à ce mur qui est mon horizon, je piétine pour ne pas perdre mes forces. Je les attends. Il est treize heures. Gérer l'attente, ne pas vriller. Dompter le temps. Prier. Je n'y arrive pas.

*

Je n'étais jamais entré dans un commissariat avant cette arrestation. Je pensais que j'allais être fouillé, qu'on me confisquerait mes affaires, ma ceinture, mes lacets. Les gradés discutaient, leurs regards me traversaient. L'ignorance dans laquelle on m'avait maintenu achevait de me déstabiliser. Finalement, on m'a sommé de m'asseoir. Sans réfléchir, je me suis laissé glisser au sol, comme dans un mauvais thriller. Logique, depuis l'aube ma vie était une fiction ! La réaction ne s'est pas fait attendre.

« T'es pas dans la rue ! » a gueulé un gendarme en m'indiquant une chaise en fer du menton. « T'es à la police judiciaire. Un peu de tenue ! »

J'espérais savoir enfin pourquoi j'étais là. Mais les uniformes ont déserté le bureau. La mise en scène destinée à aggraver mon angoisse n'en finissait pas. Je m'inquiétais pour ma femme. Était-elle rentrée saine et sauve ?

Je pensais avec culpabilité aux rendez-vous professionnels manqués. J'étais attendu sur un chantier et je n'avais pu prévenir personne au bureau. Je tentais de me raisonner, de faire appel à ma logique. La situation allait se débloquer. Ce n'était qu'une question d'heures. Un agent est entré dans le bureau pour en ressortir en laissant la porte entrouverte. J'ai attrapé des bribes de conversation. À treize heures, la station de radio RFI a annoncé mon arrestation. Soulagement. Au moins, on ne pouvait plus me faire disparaître. Rien d'exceptionnel dans le Cameroun de Paul Biya : selon un rapport du département d'État américain, pour la seule année 1991, il y aurait eu cent cas d'homicides extrajudiciaires, près de sept cents personnes détenues sans jugement et plus de dix mille arrestations arbitraires. Si je doute que l'armée soit la source d'information des médias, à voir le déploiement de force et ma promenade musclée à travers la ville, il y avait sûrement une volonté de passer un message aux habitants.

Le temps s'est étiré, la porte est restée close et moi j'essayais de garder mon sang-froid. Bien plus tard, un gendarme m'a sommé de le suivre. J'étais presque heureux, impatient de savoir pourquoi j'étais là. J'allais enfin pouvoir m'expliquer et vite rentrer chez moi.

La police judiciaire compte deux sous-directions : celle des enquêtes criminelles et celle en charge des enquêtes économiques et financières. On m'a mené à la seconde. Au moins, on n'allait pas m'accuser d'homicide ! Les couloirs étaient gris, interminables, troués de bureaux tous les cinq mètres. Partout des militaires. J'étais dans les locaux de la police et l'armée était omniprésente. Mon angoisse a grimpé au rythme de mes pas.

On m'a fait asseoir sur un banc dans l'antichambre d'un bureau. Un panneau sur la porte indiquait : « Commissaire principal Hayatou, sous-directeur des enquêtes économiques et financières à la police judiciaire ». Le temps s'étirait. L'embarras de mon garde-chiourme du moment était flagrant. Lui aussi attendait. Le bureau était désert. Ils avaient mobilisé une centaine de militaires et gendarmes et maintenant ils ne savaient que faire de moi ! Je sentais leur inquiétude croître et la mienne montait de conserve. Je tentais de raisonner l'insensé, d'analyser cette situation ubuesque. Une radio internationale s'était fait l'écho de mon arrestation. Mes ravisseurs devraient donc se justifier. Patience. Tout allait rentrer dans l'ordre. C'est alors que le commissaire Hayatou a surgi, secouant l'espoir. Vingt minutes plus tard il était reparti, prenant juste le temps d'un regard méprisant. Mon gardien a lui aussi disparu. Je suis resté seul, longtemps. Enfin, un nouvel agent m'a apporté un verre d'eau et escorté jusqu'aux toilettes. Des latrines si répugnantes que j'en ai eu des haut-le-cœur. Puis l'attente a repris de plus belle. Hayatou multipliait les passages éclair en prenant soin de m'ignorer. Le lieu grouillait de policiers et de militaires, et moi j'étais là, dans l'indifférence générale, assis sur mon banc. On était à une semaine de la fête nationale du 30 mai, celle qui marque la naissance officielle de la République unie du Cameroun. Les forces militaires stationnées en province avaient rallié la capitale pour le défilé. Au fil des heures, l'effervescence du couloir a fait place au silence. La journée s'est achevée, les soldats sont rentrés dans leur caserne et les policiers dans leurs foyers. Un agent est venu me demander si j'avais besoin de quelque chose. Le commissaire Hayatou a beuglé du fond de son bureau : « Ne lui donne rien ! Même pas un verre d'eau ! »

De toute façon, je n'aurais rien pu avaler. J'avais la gorge nouée par l'angoisse. Quant à jeûner, je pratiquais le carême alors cela ne m'a pas posé de problème. Sur ce, Hayatou a quitté son bureau. Lui aussi avait terminé sa journée de travail. Après son départ, j'ai interpellé un gendarme. En vain. Bien plus tard, l'un de ses collègues m'a tendu une natte à la propreté douteuse : « Il est vingt heures. Tu vas coucher là. Le commissaire te verra demain. »

J'ai compris que rien n'allait s'arranger. J'étais l'otage ou plutôt l'acteur principal d'un film dont personne ne m'avait donné le script. Si mon interpellation reposait, peut-être, sur une base légale, rien d'autre ne l'était depuis mon arrivée ici. Qui était responsable de cette folie? La rumeur disait qu'il n'était pas bon de rester en lien avec Titus Edzoa depuis son départ du gouvernement. L'homme s'était déclaré candidat à la présidence à l'occasion d'une conférence de presse mémorable un mois auparavant (le 20 avril 1997); une conférence censée évoquer un projet de réforme du système de santé. En fait, Edzoa y avait déclaré que ne pouvant mener ces réformes, il se portait candidat à la présidence! C'était un dimanche et j'avais eu le malheur d'accepter l'invitation à cette conférence. Ma présence allait nourrir les bulletins d'information délivrés au président Biya par ceux de son entourage qui voulaient la tête d'Edzoa : ce personnage était en passe de devenir un dangereux rival politique puisqu'il avait rallié à sa cause un homme qui avait de grands groupes industriels et financiers derrière lui! Un raisonnement sûrement à l'origine de mon arrestation et qui servira de terreau à l'argument massue de la justice camerounaise pour se garantir de tout reproche : l'atteinte à la souveraineté, à la sécurité et à l'ordre public. J'allais être accusé d'être venu au Cameroun pour créer un désordre politique! Mais ça, je ne le savais pas encore.

Certains m'avaient pourtant déjà conseillé de quitter le pays. Je n'avais pas écouté leurs mises en garde, convaincu de ma force, de celle de mon pays, de la transparence de mes actions. Je n'avais pas davantage pris en compte les alertes qu'auraient dû constituer les interrogations de différents émissaires envoyés par la présidence au sujet de mes ambitions, et auxquelles j'avais inlassablement répondu que mon seul but était de remplir ma mission puis de rentrer en France. Je m'étais expatrié pour contribuer à une politique de développement promue par le gouvernement français au service d'un pays ami. Rien ne pouvait m'arriver.

Je suis resté éveillé toute la nuit. Dès les premières lueurs du jour, je me suis assis près de la porte du commissaire Hayatou. Peine perdue. Le cirque de la veille a repris dès son arrivée. J'avais beau le saluer à chacun de ses passages, il m'ignorait avec application. Je n'avais pas davantage de succès avec les militaires et les gendarmes. De toute évidence tous avaient reçu pour instruction de ne pas m'adresser la parole. Isolé parmi les vivants, j'ai vécu cette deuxième journée comme un cauchemar éveillé. J'étais bloqué dans un entre-deux, coincé dans un flou malsain. La chaleur étouffante n'arrangeait rien, démultipliait ma sensation d'oppression. Je voulais me doucher, appeler mes proches, respirer l'air du dehors. Par deux fois on m'a apporté de l'eau. Je ressentais une intense fatigue. La faim aussi. J'étais profondément abattu. Qu'on me parle ! Qu'on m'explique ! Qu'on me laisse partir !

J'avais l'atroce certitude qu'ils voulaient m'épuiser pour mieux me manipuler. S'ils travaillaient à installer la confusion dans mon esprit, c'est qu'il n'était pas question d'un malentendu. Je pensais à mon travail, au retard qui s'accumulait. Deux jours déjà. Le soir venu, quand de nouveau l'agitation a diminué et que je suis resté en compagnie de policiers et de militaires, je n'ai pas eu d'autre choix que de dérouler la natte. Laisser passer la nuit; me convaincre que quelque chose se produirait le lendemain. Mais le même show a repris. On m'ignorait. Étais-je devenu invisible? J'étais peut-être en pleine confusion mentale!

Le troisième jour, à midi, on m'apporta un sandwich. La faim me tenaillait mais je n'avais plus confiance en rien. Je craignais d'être empoisonné. Mon refus a provoqué un moment de flottement. Je ne cédais pas. Un des agents est allé jusqu'à goûter le sandwich pour me convaincre. Cela a duré des heures. Je voulais des garanties. Pouvoir me laver aussi. Et surtout être reçu par le commissaire. Leur agitation extrême me confirmait leur malaise à l'idée que je puisse me laisser mourir de faim. Alors je leur ai proposé un marché : s'ils autorisaient ma mère à m'apporter un repas, j'accepterais de manger.

J'espérais ainsi pouvoir te voir, te parler, te rassurer. Et surtout te permettre de savoir où j'étais détenu; et dans quelles conditions. Mon marché a été accepté. J'étais si soulagé de te voir! Mais on ne m'a pas laissé t'approcher. Tu as dû déposer la nourriture sur une table au fond du long couloir et un gendarme est venu me l'apporter. Interdiction de se parler, mais je pouvais me nourrir en toute sécurité. Les repas que tu m'apportais faisaient office de lien quasi charnel avec toi. Je lisais le désarroi sur tes traits. Ton attitude trahissait une inquiétude intense. Tu ne doutais pas de moi, je le savais.

Même si ma présence dans ce lieu, entouré d'hommes en armes, avait de quoi semer le doute. J'aurais voulu te rassurer, te dire mon innocence. Même si j'ignorais de quoi j'étais coupable.

Au quatrième jour de cette garde à vue illégale, j'ai enfin su de quoi on m'accusait : grand banditisme. Rien de moins ! Je voulais qu'on m'explique, je voulais me défendre, comprendre, connaître le détail de cette accusation fantaisiste. Mais les jours et les nuits se sont écoulés dans une sorte d'opacité passive, ponctués par ta venue chaque matin. Je ne te quittais jamais des yeux quand au bout du couloir tu déposais mon repas. Je mangeais symboliquement de ta main.

J'imaginais ton désespoir à l'aune du mien.

*

Souviens-toi maman. Il y a tout juste un an. L'été 2001 une rumeur a annoncé ma prochaine libération. Tu étais folle de joie à l'idée de me savoir bientôt dehors. Tu as repeint ma chambre, réaménagé la maison, planté des fleurs. Avec l'enthousiasme qu'on met à la préparation de la chambre de son futur bébé. Tu rayonnais. Lors d'une de tes rares visites autorisées, je t'ai même vue sourire. Même si je n'y croyais pas, je ne me sentais pas le droit de gâcher ta joie.

Mes sœurs m'en veulent. C'est mon enfermement qui t'a tuée. Elles ont raison. Il est midi. Mon âme agonise. Je n'en peux plus d'attendre qu'on vienne me chercher.

Ne t'inquiète pas maman. Ils ont été payés. Ils ne vont pas tarder.

*

Je dépérissais sur ma natte, en travers du passage menant du vaste couloir au bureau du commissaire. Deux semaines allaient passer dans cette routine bancale.

À aucun moment on ne m'a autorisé à prendre une douche, à changer de vêtements, ni même à me brosser les dents. Après le défilé militaire du 20 mai, il fallait bien que les acteurs se reposent ! L'oiseau était dans la cage et il la bouclait ! Aucune raison de se presser.

Je me souviens du lundi 26 mai, jour du coup d'envoi du tournoi de Roland-Garros. J'allais rater mon tournoi préféré ! Moi qui avais hâte de suivre les matchs, de voir Sampras adapter son jeu d'attaque à la terre battue parisienne. Pensée futile pour garder le contact avec ma vie. Mais au fil des jours, je me déconnectais, je perdais tout repère émotionnel, temporel.

En ce quatorzième jour de garde à vue illégale, on m'a conduit dans une pièce exiguë où se tenaient plusieurs gardes. Les idées les plus effrayantes se bousculaient dans ma tête jusqu'à ce que je reconnaisse son pas. Celui de ma femme. Pas un seul instant je n'avais pensé qu'un de mes proches, et encore moins toi ou mon épouse, serait autorisé à me parler. Je ne savais pas de combien de temps nous disposions. J'étais abasourdi de la voir là ; honteux d'être sale.

Humiliation supplémentaire. Voulue. Elle était venue à leur demande m'apporter des vêtements propres, une trousse de toilette et le repas que tu m'avais préparé. Je serais donc privé de toi aujourd'hui. Cinq minutes après son arrivée, un garde a annoncé la fin de la visite. Après son départ, ma solitude m'est apparue encore plus vertigineuse.

Un gendarme m'a alors escorté aux toilettes, où j'ai pu me laver sommairement avant d'être appelé pour un premier interrogatoire. J'ai compris la subtilité primaire de leur stratégie. Après quinze jours à croupir à la porte de son bureau, après avoir entrevu ma femme, le commissaire daignait me recevoir. Loin de me présenter des excuses, loin d'exprimer une parole de compassion diplomatique, il s'est montré brutal : si le délai légal de quatre jours de garde à vue avait été dépassé, c'est parce que le préfet l'avait autorisé ! Cette séance était un simple « examen de situation » et il n'avait pas de temps à perdre !

« Un arrêté préfectoral vous accuse de grand banditisme », a-t-il martelé en cognant la table du poing. « Lorsque l'on met autant de forces en branle pour une arrestation, c'est pour signifier la fin de la récréation ! »

Sur ce point je ne lui donnais pas tort. Ça n'avait pas été discret ! J'avais servi d'étendard pour passer un message implacable à la nation. Un message d'une violence inouïe pour mon entourage, ma famille, mes collaborateurs du Comité. Ce déploiement de force avait permis de rendre plausible l'idée que j'avais porté atteinte à la sécurité intérieure.

Le commissaire a déroulé un incroyable scénario : j'aurais été nommé par Titus Edzoa, dont les ambitions politiques s'étaient développées à mon contact, et ce dernier aurait détourné des fonds publics du Copisur pour les financer ! Et de conclure que si j'étais ici c'était de la faute du professeur Edzoa, car en fin de compte ce n'est pas après moi qu'ils en avaient ! Mon soulagement a duré le temps qu'il enchaîne, avec une phrase qui allait enfin m'éclairer :

« Tout ce que nous attendons de vous, c'est que vous témoigniez contre le professeur Titus Edzoa. »

Pour achever de me convaincre, il m'a indiqué que Dieudonné Ambassa Zang, le numéro 2 du Copisur, avait déclaré que le Comité avait orchestré des détournements. Allégation confirmée par une dizaine de membres du gouvernement. J'ai à peine eu le temps de protester. Le commissaire me proposait déjà une sorte de collaboration :

« Ce que nous vous demandons, c'est de nous aider à clore les enquêtes. Jouez le jeu et vous serez libéré. Le président de la République veut savoir la vérité. Quand il la saura, il pardonnera. C'est un homme bon. Ne soyez pas le mauvais génie du pouvoir. Le professeur Edzoa mérite d'être condamné à mort pour sa trahison. Vous êtes jeune, il serait dommage de détruire votre vie pour lui. Tous ceux qui ont participé à cette enquête et ont fait montre de bonne volonté seront récompensés. Il se dit que vous auriez accepté de devenir le directeur de campagne de Titus Edzoa. Je suppose que vous préférez que cela ne s'ébruite pas ? »

J'étais sonné, par la violence des propos, par les sous-entendus. On me demandait de condamner à mort un homme avec qui j'avais travaillé, ancien secrétaire général à la Présidence, conseiller privilégié de longue date de Paul Biya. Et cette histoire de direction de campagne ? Ils débordaient d'imagination ! Le commissaire me faisait comprendre qu'à moins d'une collaboration sans réserve, je serais la victime de substitution, immolée à la place d'un coupable insaisissable.

Face à mon refus, il a ouvert un épais dossier bleu dont je ne parvenais pas à lire l'intitulé. Cette fois il m'interrogeait sur mes diplômes ; il en souhaitait le détail. J'ai tenté de rassembler mes souvenirs, de donner des dates précises. Pas simple après tant d'années.

« Non, ça, c'était en 1988 ! » a-t-il triomphé.

Une année ne correspondait pas à son document. Il jubilait comme un enfant qui aurait gagné un ours en peluche sur un stand de tir ! « Vos diplômes sont des faux ! Vous avez obtenu la direction du Comité, une haute responsabilité, et vous n'avez pas les compétences requises parce que vos diplômes sont des faux ! »

S'il m'avait parlé de ces diplômes, c'est qu'il n'avait pas le plus petit début d'élément pour appuyer ses accusations. L'entretien aurait été grotesque si je n'avais pas compris que la justice me demandait de participer à un assassinat avec préméditation. Au sortir du bureau, je titubais, au sens propre. Comment me défendre ? Si j'acceptais, je serais libre. Mais il était inconcevable de condamner un homme.

J'ai brièvement repris ma place dans la salle d'attente. J'allais vite payer mon manque de coopération.

Quatre militaires taciturnes sont venus me chercher pour m'emmener dans les caves du vaste bâtiment. Ma peur était à son comble. Mon cœur cognait dans ma poitrine. J'avais la nausée. Les escaliers étaient étroits ; les couloirs sombres, humides. Au deuxième sous-sol, l'un d'eux m'a poussé dans une cellule. Une cage infecte, bondée. Une quarantaine d'individus en guenilles me regardaient avec défiance. L'odeur était pestilentielle. J'en venais à regretter ma natte dans l'antichambre du bureau du commissaire. Jeté parmi les pires criminels du pays, j'allais perdre mon identité, ma raison.

J'ai passé deux interminables journées recroquevillé contre les barreaux. Prostré. L'image du grand perroquet gris du quai de la Mégisserie accroché aux barreaux de sa petite cage flottait devant mes yeux. Des éclats de voix et l'apparition subite du commandant de la garde présidentielle l'ont noyée.

« Ce n'est pas ce qui était prévu, grondait-il, on ne vous a jamais demandé de le maltraiter comme ça. Sortez-le de là ! Tout de suite ! »

La minute suivante j'étais ramené au bureau de Hayatou pour un nouvel interrogatoire. Trois officiers me faisaient face. Je n'ai pas attendu qu'on s'adresse à moi. Je parvenais mal à contenir ma colère. Je devais me défendre, cesser d'être un pantin qu'on brinquebale dans tous les sens.

– Vous m'avez gardé quinze jours devant votre bureau, au mépris de tout droit, et là vous m'enfermez avec les pires bandits de Yaoundé ! Je veux parler à un avocat.

– Tu n'as passé que deux jours avec eux. Estime-toi heureux. Retourner avec eux dépend uniquement de toi, m'a dit le commissaire, en me tutoyant cette fois.

– Tu sais ce que nous te demandons. Donne-nous les informations dont tu disposes et tu seras libre, a promis l'un de ses acolytes d'une voix monocorde.

– Dans ce cas, ramenez-moi en cellule. Je refuse que vous fassiez de moi un instrument de mort. Vous me demandez de mentir pour sauver ma vie. Si vous voulez inculper et condamner Titus Edzoa, trouvez des preuves. Je ne serai pas le faux témoin que vous cherchez. Vous pouvez le noter dans le procès-verbal. Je répète que je n'ai rien à voir avec les ambitions présidentielles du professeur. Je ne participerai pas à cette cabale.

L'interrogatoire, si on pouvait appeler ainsi cette séance d'intimidation programmée, a tourné court. On ne m'a pas renvoyé dans les entrailles du camp militaire, mais sur ma natte.

Les jours suivants, rien n'a évolué. Le jour de la finale de Roland-Garros, avec Kuerten face à Bruguera, je l'ai passé assis à la porte du bureau de Hayatou. Lui vaquait à ses occupations et faisait mine d'ignorer ma présence. C'est seulement le 17 juin 1997, trente-sept jours après mon arrestation, qu'il m'a à nouveau reçu pour me dire que les recherches avaient confirmé l'authenticité de mes diplômes, mais que je n'étais pas tiré d'affaire pour autant. Il a pointé du doigt un dossier ouvert sur son bureau :

« Ça provient de la présidence ! Ce dossier contient les éléments tendant à prouver que tu as détourné, avec Titus Edzoa, les fonds du Comité à hauteur de plus de 2,2 milliards de francs CFA ! Le président demande l'ouverture d'une enquête sur ta gestion du Copisur entre 1994 et 1997 ! »

En fait, j'apprendrai que l'enquête avait été diligentée par Amadou Ali, le nouveau secrétaire général de la Présidence.

Conclusion : le jour de mon arrestation aucune charge n'était encore retenue contre moi, hormis mes supposés faux diplômes ! Et un mois plus tard, j'étais accusé de détournement de deniers publics et une enquête sur ma gestion du Comité était ouverte ! Il leur avait fallu un mois pour trouver un motif qui ait l'air de justifier ma détention à la Sûreté générale.

Je dénonçais ce qui relevait de la calomnie pure : les comptes bancaires du Comité étaient à jour, comme ils pouvaient aisément le vérifier. Mes dénégations étaient vaines et rien ne semblait justifier que je puisse bénéficier des services d'un avocat.

Le commissaire m'a indiqué que des perquisitions étaient en cours dans les bureaux du Comité. Cela m'a rassuré. Ma seule inquiétude concernait la durée de l'opération : visiblement ils n'étaient pas rapides et je craignais que cela ne leur prenne des mois.

Le 30 juin, à l'occasion d'une nouvelle convocation, j'ai compris qu'ils n'avaient toujours rien trouvé. Le commissaire Hayatou semblait embarrassé. Ayant appris que j'avais été nommé par arrêté présidentiel, il ne savait visiblement que faire de cette information qui étayait l'importance de ma mission. Le commissaire divisionnaire, directeur de la police judiciaire, avait rendu un rapport selon lequel aucune charge ne pouvait être retenue contre moi. Le dossier posé sur son bureau était donc vide. Rien pour conforter leurs accusations. Les enquêteurs n'avaient plus de cartouches, ils répétaient les mêmes questions, auxquelles je faisais les mêmes réponses. Après plus d'un mois de détention arbitraire, le commissaire avait des raisons de se sentir mal. Du moins, c'est ce que j'imaginais.

Quelques jours plus tard, j'ai eu droit à une nouvelle visite. On m'a conduit dans un bureau, pour un rendez-vous dont je n'avais bien évidemment pas été averti. Cette fois je me suis retrouvé face à Luc Loe, le délégué général à la Sûreté nationale, le patron de la police, l'équivalent du ministre de l'Intérieur français, en charge de l'enquête sur ma gestion. Sans me saluer, singeant une fausse nonchalance, il est entré dans le vif du sujet :

– Écoute, la situation est moins compliquée qu'elle n'en a l'air et tu peux être libéré facilement.

– Je ne demande pas mieux. Tout ça est grotesque.

– Il te suffit de signer un document. De toute évidence la machine s'est emballée contre toi. Ce que nous cherchons en réalité, c'est un moyen de faire tomber le professeur Edzoa.

Nous étions revenus au point de départ!

– Je ne sais pas pour quelles raisons vous voulez Edzoa et d'ailleurs je ne veux rien savoir. Mais en quoi suis-je censé pouvoir vous aider?

– Tu dois coopérer. Tout le monde a témoigné contre lui! Il ne manque que toi.

Ce disant, il a glissé sous mes yeux un document où mon nom était inscrit au bas de la dernière page.

– Signe là.

Le patron de la police m'expliquait que ce document prouvait que Titus Edzoa avait détourné de l'argent du Comité à mon insu. Edzoa aurait-il trompé ma vigilance?

– Si tu signes, je te garantis que tu n'auras pas à te défendre devant un tribunal. Tu seras simple témoin.

– Mais ces accusations sont graves! Il risque la peine de mort.

– Ce sera à la justice d'en décider.

Il répétait que tous les anciens collaborateurs d'Edzoa avaient signé. Mais je m'obstinais, refusant de m'associer à ce lynchage programmé.

– Tu veux vraiment rester ici!

– Je ne peux pas signer ça ; c'est une condamnation à mort !

Ce qu'il m'avait proposé n'était pas un marché, c'était l'extorsion d'un témoignage visant à éliminer un homme. Je n'avais aucune idée du bien-fondé de leurs accusations, mais à ma connaissance jamais de l'argent n'avait été détourné des fonds du Comité.

– Tout le monde a signé, insistait le patron de la police en tapant du poing sur la table.

– C'est leur problème, je ne veux pas avoir ça sur la conscience.

– Edzoa est coupable, ça sera prouvé. C'est une chance que nous t'offrons. Tu ne sais pas à quoi tu t'exposes en le soutenant.

– Je ne soutiens personne, mais je ne l'incriminerai pas sans preuves. Et quand bien même on m'en donnerait, je ne suis pas le juge.

– Prends le temps de réfléchir. Si tu changes d'avis, dis au commissaire Hayatou de me prévenir. Ne tarde pas, je dois donner une réponse au président de la République au plus tôt. Réfléchis bien. Ne te trompe pas.

Je discernais les menaces derrière son chantage. Il ne tentait d'ailleurs même pas de les voiler.

Quelque temps plus tard, on est venu me chercher pour une nouvelle visite. Mon épouse. Cette fois, elle ne m'avait rien apporté. Son objectif était de me convaincre. Elle m'a supplié, elle a tenté de me raisonner, arguant que n'étant ni prêtre ni évêque je n'avais pas à porter la souffrance d'un autre sur mes épaules. Face à mon refus, elle m'a assené, le visage fermé : « Je suis ta femme ; je n'ai pas épousé un prisonnier. » Notre couple était dans l'impasse.

Après sa visite, mes conditions de détention se sont encore dégradées. L'indifférence et le mépris cordial avaient fait place aux insultes et aux paroles humiliantes des gendarmes et des militaires :

« Il ne mérite rien ; il a comploté pour tuer le président ! Il a trahi son pays. Il crèvera sous terre ! »

Leurs mots étaient un poison de l'âme. Ce jour-là a été le plus difficile à affronter depuis mon arrestation. Ma femme m'abandonnait et la police, démunie face à ma résistance, allait céder à la violence. Les heures qui ont suivi ont été les plus angoissantes et les plus désespérées de toute ma vie.

Ils m'avaient mis à terre par le mépris, par la violence aussi, pour mieux préparer l'étape suivante.

3

Ma liberté contre la vie d'un homme

Te parler. Entendre ta voix.

C'était un supplice de t'apercevoir au bout de l'interminable couloir. Chaque jour tu venais déposer mon repas. Tant de choses que je voulais te dire, t'expliquer. Suivre ta longue silhouette un peu voûtée se retourner, m'abandonner. J'aurais voulu courir vers toi. La force de notre lien, cette tristesse mutuelle qui nous anéantissait. Tu étais si proche, inaccessible. J'étais désemparé. Ton tourment m'enveloppait dès que tu paraissais.

Et puis un jour, un geôlier m'a escorté jusqu'à toi. Tu étais assise, bien droite, les mains posées sur la table carrée d'une salle d'interrogatoire du bâtiment. C'était la première fois que j'allais te parler depuis mon arrestation. Personne ne m'avait prévenu. Un soulagement indescriptible me coupait les jambes. Tu t'es levée pour venir à ma rencontre. Tu m'as serré dans tes bras. Fort, longuement. C'était tellement bon de te toucher, de te sentir.

Chacun de nos gestes, de nos mots, chacune des phrases prononcées ce jour-là sont en moi. Ils sont ma force, ma fragilité. Tu voulais me réconforter. Je voulais te rassurer. Tu faisais mine d'être solide. Je faisais semblant d'aller bien. Ça n'avait pas été simple d'obtenir ce droit de visite. J'étais si heureux de te parler, tu me donnais du courage. Sans toi je serais mort. Je te l'ai exprimé sans pudeur. Ton regard s'est embrumé. Tu as enchaîné, sûrement pour ne pas éclater en sanglots. Se lamenter ne servait à rien. Tu étais là pour me porter un message. On m'offrait une issue simple dans cette situation complexe. Le cauchemar pouvait prendre fin.

Toi aussi tu allais me demander de signer. Toi aussi ils cherchaient à t'instrumentaliser. J'étais abasourdi. Tu n'en démordais pas. J'avais beau t'expliquer les conséquences, mon impossibilité morale d'envoyer un homme à la mort. Familière du fonctionnement du système judiciaire, tu en connaissais le droit et les arrangements, la lettre et ses interprétations ; tu me parlais en connaissance de cause. Contrairement à moi, tu mesurais la dangerosité du piège tendu. Je pensais qu'il suffisait d'être innocent pour espérer être libéré. Et j'étais français. Dans le pire des cas, la France allait demander des comptes. Un État ne fait pas disparaître un homme expatrié sans devoir s'en expliquer !

Mon refus te brisait.

– Signe, rentre en France, reprends ta vie !

Je me suis arc-bouté.

– Je suis innocent, ils le savent. Leurs accusations plus absurdes les unes que les autres ne tiendront pas.

Dans un long soupir, tu as serré fort mon avant-bras et arrimé ton beau regard noir au fond du mien. Ta peur a explosé. Telle une louve qui hurle de voir son petit coincé dans un piège. Une panique monstrueuse t'a emportée.

– Ils vont te tuer ! Ils vont te tuer !

J'ai voulu te calmer, te réconforter.

– Je suis si désolé maman. Tu as fait de moi ce que je suis. Je suis incapable d'échanger ma liberté contre la vie d'un homme.

Un long silence lourd de mots impossibles à dire s'est abattu sur nous.

Je retenais mal mes larmes. Pas toi. Pour faire diversion tu m'as expliqué combien il était difficile de trouver un avocat prêt à me défendre. Embûche prévisible. S'engager pour moi, c'était de façon indirecte s'opposer au président. Et à l'approche des élections, les lâchetés et les peurs étaient décuplées.

J'ai tenté de te rassurer. J'étais maladroit, malheureux. Tu as éclaté en un long sanglot.

– Mon fils, on ne lutte pas contre l'État. Même avec le meilleur des avocats, tu ne peux pas gagner. Pour une fois, fais abstraction de ton sens moral. Sauve ta vie. Je t'en supplie.

Tu serrais fort l'une de mes mains entre les tiennes. Comme si je pouvais disparaître si tu la lâchais. Je ne supportais pas tes larmes. Alors je t'ai menti et promis d'y réfléchir.

Jamais je ne signerai. Jamais. Je resterai fidèle à l'éducation que tu m'as donnée, aux exhortations du pape Pie XII : « Que les pères et les mères de famille apprennent combien ils doivent élever les enfants que Dieu leur a donnés, dans la droiture, la sainteté et le courage [...]. Ainsi, lorsque leur vertu sera mise en péril, ils pourront, aidés par la grâce divine, sortir du combat, victorieux, sans blessures et sans souillures. »

Pardonne-moi ce mensonge maman. Je ne pouvais pas te laisser quitter le camp militaire sans te donner un peu d'espoir.

Après ton départ, on m'a traité comme un chien. Mais il était difficile de faire pire, sauf à me torturer, ce qui leur était manifestement, pour l'heure, interdit. La situation s'engluait dans la torpeur administrative. Les jours se suivaient, identiques, vides.

Un matin on est venu me tirer de mon couloir. La seule idée de parler à quelqu'un me réjouissait. On m'a bousculé jusqu'à la même salle d'interrogatoire, devenue l'annexe de l'antichambre où je dépérissais. Mon épouse et toi m'y attendiez. J'ai instantanément senti que vous n'étiez pas venues pour me réconforter. J'essayais de faire bonne figure. Toi aussi. Tu as pris en charge l'ultime tentative de persuasion. Mon épouse a quitté la pièce. Plutôt que de t'opposer mon refus, je t'expliquais :

– Tu m'as envoyé chez les Jésuites, tu m'as inculqué la rigueur morale, la discipline. Tu as voulu que je sois respectueux de la loi divine et de la loi des hommes et c'est la voie que j'ai suivie. Pourtant aujourd'hui, tu me demandes de violer les règles que tu m'as enseignées.

– Michel, la situation est grave, il s'agit de sauver ta vie.

– Je le sais, mais je refuse de laisser les circonstances dicter une exception. C'est toi qui me l'as appris. Si je cède à ce chantage, tu me jugeras avec raison.

– Écoute-moi Michel ! Je sais que tu es honnête, mais ça ne te vaudra rien ici.

– De toutes les accusations qu'ils pourront imaginer, aucune ne tiendra. Je sais la peine que ça te cause. Qu'ils soient venus te voir pour tenter de me convaincre de signer prouve mon innocence. S'ils avaient des éléments contre moi, ils m'enverraient en justice. Ils ne me proposeraient pas un accord aussi malhonnête.

– Mon fils, je sais que tu n'as rien fait. Mais ton innocence ne pèsera rien face à la puissance de tes accusateurs.

– Je ne transigerai pas avec leurs méthodes.

Un épais silence s'est installé. Je percevais ta lutte intérieure pour accepter ma position.

– Mon fils, je te demande de signer ce papier pour t'éviter la prison. Je sais qu'il n'y a rien au fond de ce dossier, mais avec ta santé fragile, je veux t'éviter ce qu'ils te réservent si tu ne cèdes pas. Et c'est la mort, sous une forme ou une autre.

Après une courte pause, le regard perdu au-delà de mon épaule, tu m'as libéré :

– Si tu tiens à rester intègre, tu as ma bénédiction.

Tes mots étaient ce dont j'avais besoin. Ils allaient me porter aussi longtemps que durerait mon calvaire. Tu as posé ta main sur mon avant-bras et murmuré :

– Tu devras être fort.

– Grâce à toi, je le serai.

J'étais épuisé, apaisé. Je me sentais compris, épaulé. Je n'étais plus seul. Si dans un premier temps tu avais chancelé, tu m'avais demandé de signer pour sauver ma vie comme l'espéraient ceux qui avaient orchestré mon arrestation, à présent tu étais à mes côtés dans la vérité et la justice.

À ta suite, bien d'autres émissaires du pouvoir sont venus tenter de me convaincre.

À court de ressources, le commissaire est revenu à son tour. Il me parlait sèchement.

– Tu as réfléchi ?

– Cessons ce jeu. Nous ne sommes pas amis, je préférerais que nous nous vouvoyions.

– Nous t'avons laissé du temps pour réfléchir. Qu'as-tu décidé ?

– Vous perdez votre temps, je ne signerai pas ce document.

– Si c'est ta décision, je ne pourrai plus rien faire pour toi.

– Je ne demande qu'à être traité justement. Je ne signerai pas une condamnation à mort. Je n'en ai pas le droit.

Le commissaire fulminait de rage. L'homme semblait habitué à ce type de manigances et à la réussite de ses techniques de chantage. Avec le recul, je pense que mon obstination lui était incompréhensible. Il a tourné les talons sans rien ajouter.

Le jeudi 3 juillet 1997, vers treize heures, on m'a conduit chez le magistrat instructeur Jean-Pierre Mvondo Evezo'o. Il occupait en parallèle le poste de procureur de la République, conformément au droit camerounais, dans une inquiétante confusion des rôles. Il m'a informé de l'ouverture d'une information judiciaire et de la requalification de l'accusation de « grand banditisme » en « détournement, tentative de détournement de deniers publics et trafic d'influence en coaction », entre autres motifs. S'y était ajouté à nouveau « fausse carte de séjour et faux diplômes ». Sans parler d'une série de calomnies délirantes, produites par le commissaire Hayatou. Au total, ce seront douze chefs d'inculpation, chacun accompagné d'un mandat de dépôt. La liste était bien établie, la séance menée tambour battant, la nervosité du magistrat palpable. Avant d'apposer la dernière signature à ce fatras d'accusations, il a lui aussi tenté sa chance : « Tu veux vraiment gâcher ta vie pour une question de fierté ? »

Je n'ai rien répondu. Il ne pouvait pas comprendre. Et je m'en fichais. Je fus placé sous mandat de dépôt et le cirque s'est remis en branle. Au milieu d'un cortège de véhicules de différentes forces, sirènes hurlantes et moteurs vrombissants, on m'a conduit à la prison centrale de Kondengui. Cette fois, j'ai le privilège de rester assis sur la banquette arrière.

*

Tu m'avais mis en garde : « Mon fils, la justice est une épreuve de force. Tu ne fais pas le poids. La machine a pris pour résolution de te broyer, soit tu coopères, soit tu vas disparaître. »

Mon choix impossible était là : les ténèbres ou l'injustice.

Je ne pouvais pas porter sur ma conscience la mort d'un homme. S'il avait juste été question d'écarter Titus Edzoa du pouvoir, j'aurais cédé. Tous avaient menti. Si j'avais suivi la meute, j'aurai acté son exécution.

Tu le savais et tu m'as donné ta bénédiction. C'est tout ce qui compte.

*

Je suis un grand bavard et je venais de passer près de deux mois dans un isolement quasi total. Alors contre toute attente, après cinquante-deux jours dans le réduit solitaire du secrétariat d'État à la Défense, j'avais hâte de rejoindre la terrible prison de Kondengui.

À mon arrivée, le régisseur de la prison m'a indiqué que le préfet était venu en personne s'assurer que j'allais être mis dans un quartier spécial et bénéficier, comme tout détenu, de la sécurité intérieure. Si absurde que cela puisse paraître, j'étais soulagé. Ici mes droits seraient respectés et, dans l'attente de ma convocation avec le magistrat, je serais entouré de gens avec lesquels parler. J'étais de retour parmi les vivants !

Nous étions six mille, dans une prison prévue pour accueillir mille cinq cents détenus. Dans le quartier spécial où on m'avait installé, la densité était moindre. Nous étions une quinzaine dans une pièce d'environ 20 mètres carrés, un palace à l'échelle des lieux. Les détenus du régime commun dormaient littéralement les uns sur les autres, au risque d'étouffer dans la promiscuité et le manque d'hygiène. Au quartier spécial, les lits étaient superposés sur trois niveaux. Et même s'ils n'avaient rien de confortable, j'ai eu la chance qu'on m'assigne un lit dont les étages supérieurs restèrent vides.

Un garde armé était posté près de la grille et je ne tardai pas à apprendre qu'il y avait une sorte de chef de section parmi nous. Une partie de sa mission consistait à nous surveiller et à donner aux cadres de la prison des informations, en échange de quoi il pouvait espérer une réduction de sa peine. L'autre partie de sa mission était d'assurer le lien avec la direction. À mon arrivée, ce chef de section m'avait expliqué qu'en cas de problème je n'aurais qu'à venir le voir. Il était le bras du préfet, qui avait expressément demandé que rien de fâcheux ne m'arrive. Il est vite devenu clair qu'il jouait un double jeu et cherchait à me soutirer des informations. À croire qu'on m'avait enfermé à Kondengui pour m'amadouer!

C'est un curieux rôle que jouent ces informateurs. Ils sont bien identifiés, nul n'ignore ce qu'ils tentent d'obtenir. Se lier avec eux revient à accepter, comme la grenouille de la fable, de traverser la rivière sur le dos du scorpion! Comme je n'avais rien à lui révéler, ses tentatives ont vite tourné court. Je veillais à ne pas me faire remarquer. C'est la meilleure stratégie pour vivre serein à Kondengui.

Dans ma cellule « VIP », nous étions entre cols blancs. Beaucoup d'anciens fonctionnaires condamnés pour détournement d'argent public et corruption. Ici, pas de tueur sanguinaire, pas de psychopathe.

Les bruits des autres quartiers de la prison qui parvenaient jusqu'à nous étaient constants. Un brouhaha mêlant musique, radio, éclats de voix, ordres des matons. Seul le couvre-feu apportait quelques heures de répit.

Le grésillement permanent des radios m'avait appris dès mon premier soir à la prison l'arrestation de Titus Edzoa et son arrivée ici même, dans un autre secteur « VIP » à l'autre extrémité du bâtiment. Pour le reste des accusations qui pesaient sur lui, rien n'a filtré.

La misère et la surpopulation des quartiers communs de la prison étaient palpables. Aucun des droits fondamentaux des détenus n'était respecté. Bagarres, maladies, trafics en tous genres étaient la règle. Lorsque j'ai appris qu'une épidémie de tuberculose sévissait, je décidai de me faire vacciner. Je devais fournir mon propre vaccin, et ne pouvant l'acheter à l'unité j'en ai acquis un lot d'une vingtaine d'unités et ai proposé au médecin de les attribuer à des prisonniers parmi les plus pauvres. Face à la précarité ambiante, je décidai d'acheter des lots supplémentaires. Aussitôt, le bruit s'est répandu qu'un bienfaiteur prenait soin des plus pauvres. Mon nom n'a pas tardé à circuler.

La nouvelle de mon transfert à la prison avait été relayée par RFI et Africa nº 1. Tous savaient donc que j'étais là et, s'ils ne me reconnaissaient pas, les prisonniers voyaient en moi un grand manipulateur, riche, avide de pouvoir et dangereux pour le pays, comme l'écrivait une presse servile. Même si à l'intérieur de la prison je sentais une forme de bienveillance à mon égard, l'effervescence ambiante n'augurait rien de bon. Je m'efforçais de rester dans mon coin, soulagé de me trouver loin de la Sûreté nationale.

En prison, l'ennui et l'attente sont la règle. La vraie vie s'éloigne inéluctablement. Quand le monde extérieur n'est plus que fiction, il s'estompe. Le monde réel est celui où l'on s'engage par l'amour, par le travail, par la présence physique de ceux qu'on aime. En prison les liens sont temporaires, contraints. Même si de vraies amitiés peuvent y naître, elles ne résistent pas à la liberté, car celui qui a la chance d'être libéré n'aspire qu'à refermer cette terrible parenthèse.

Depuis mon arrivée, je n'avais plus de nouvelles de toi. J'étais officiellement inculpé et je n'avais toujours pas d'avocat. Je voulais lire, mais il n'y avait pas de livre. J'avais mon chapelet, mon bien le plus précieux. Je cherchais à m'isoler, à me protéger des rumeurs. Impossible. Elles rampaient jusqu'à moi. Les enquêteurs commençaient à estimer que les accusations n'étaient pas fondées, que rien n'avait été fait conformément à la loi, en premier lieu ma détention en garde à vue. Il se disait que cette affaire n'avait rien de normal.

Le 15 juillet, on est venu me chercher pour une visite chez un médecin extérieur à la prison. J'étais surpris, apeuré. On m'a expliqué qu'il s'agissait du suivi normal de ma vaccination BCG. Allait-on me faire disparaître ? Déjà habitué à ce qu'on dispose de moi, je n'opposai aucune résistance. L'enfermement anéantit la volonté et l'esprit critique. Sous l'escorte de mon habituel cortège digne du défilé national, on m'a conduit à l'hôpital de la Caisse de prévoyance sociale.

Un docteur m'y a reçu et expliqué que nous allions faire un check-up complet. Je m'étonnai. « C'est la procédure normale », a-t-il dit avec un sourire rassurant en faisant signe aux gardiens de nous laisser. « Secret médical », a-t-il insisté face à leurs réticences à me perdre de vue.

Dès que la porte fut refermée, un homme a surgi de derrière un paravent. Je me figeai. On allait m'assassiner! Il serait facile de déguiser ma mort, sans témoin, sans personne pour me protéger. Une simple injection. Mais l'homme n'était pas menaçant et me tendait la main.

– Je suis américain. Je suis venu vous libérer dans une mission conjointe avec la France. Des groupes industriels engagés avec le Comité, ceux que vous avez mis en relation, et de nombreuses connaissances aussi, sont intervenus pour agir en faveur de votre libération.

J'avais du mal à le suivre, le scénario de mon film prenait l'eau ! Je ne croyais pas un traître mot de son baratin !

– Je suis là pour un examen médical. De quoi me parlez-vous ?

– Vous êtes victime d'une machination ; le pouvoir attendait que vous collaboriez, et devant votre résistance ils vont vous enfermer, sinon pire. Faites ce qu'on attend de vous et vous serez libre.

– Je ne comprends pas, qu'attendez-vous de moi, que faites-vous ici ? Si on vous trouve et qu'on me soupçonne d'avoir tenté de m'évader, je suis bon pour la prison à vie.

– Vous savez ce qu'ils veulent, ils vous l'ont dit.

– J'ai déjà donné ma réponse.

– Il est encore temps de la modifier. Signez et vous partez maintenant.

Qui était cet homme ? Sa proposition était-elle un nouveau scénario destiné à me faire signer ? Le résultat d'une mission concertée entre deux États ?

– Je ne veux pas d'un arrangement dans l'ombre. Je veux être libéré légalement, que les charges soient abandonnées.

– Vous connaissez la justice, vous connaissez les enjeux de votre dossier, tout ça risque de prendre du temps.

– Peu importe le temps que ça prendra. Si je m'enfuis avec vous, je deviens un hors-la-loi et je ne veux rien faire d'illégal.

– Vous risquez de perdre la vie. Vous le savez, ça, non ?

– Ramenez-moi à Kondengui. Je ne porterai pas la responsabilité de ce qui arrivera à Edzoa.

L'homme insistait. Le médecin regardait par la fenêtre et faisait mine de ne pas nous entendre.

J'étais innocent ! La justice serait obligée de me libérer ! Une conviction qui m'a poussé à rejoindre mes gardes.

Je ne saurai jamais qui était cet homme. Qui l'avait missionné ? Quels arrangements politiques masquaient son action ? Était-il le bras armé de la menace ? Quel meilleur scénario qu'une tentative d'évasion pour signer ma culpabilité et m'éliminer. Doublé gagnant !

De retour dans ma cellule, j'ai constaté que mes rares affaires étaient emballées. Convoqué par le régisseur, je fus confirmé dans mon intuition par sa mine consternée de me revoir : il savait. Mon regard rivé au sien, je lui ai assuré que l'examen s'était bien passé.

– Tu as donc dit non. Tu es courageux, nous avons besoin d'hommes comme toi. On me disait ça de toi, mais je ne pouvais pas imaginer.

– Quand je serai libéré, c'est qu'on m'aura déclaré innocent.

– Écoute, si tu veux venir passer une partie de tes matinées dans mon bureau, tu es le bienvenu. Il y a des journaux, tu pourras lire et nous pourrons discuter. Ça te changera les idées.

Cet homme m'avait montré un grand respect dès mon arrivée. Il avait compris mon désarroi. Quelques jours plus tard, alors que je passais effectivement une partie de mon temps à son bureau, je lui ai fait une proposition pour améliorer les conditions de vie dans sa prison. Des sociétés de l'industrie agroalimentaire avec lesquelles j'avais travaillé en France pourraient fournir à bas prix de la nourriture aux prisonniers. Un ami chez Nestlé consentirait sûrement à approvisionner la prison en lait, tomates et riz.

Après une nuit de réflexion, le régisseur a accepté mon offre. Je souriais pour la première fois depuis mon arrestation. Une semaine plus tard, les premiers chargements d'aliments sont arrivés. Le bruit s'est vite mis à circuler : j'étais le responsable de l'amélioration du régime alimentaire général ! Désormais, chaque fois que je sortais de ma cellule pour me rendre au bureau du régisseur, les détenus applaudissaient à mon passage.

Un matin, à mon arrivée à son bureau, je notai la mine soucieuse du régisseur. Notre arrangement alimentaire dérangeait. On me soupçonnait désormais de préparer la révolte des prisonniers. Ma popularité au sein de la prison commençait à être connue à l'extérieur.

« Il se dit que les faits qui te sont reprochés ne tiendront pas devant le tribunal et que ceux qui veulent te mettre à terre cherchent de nouveaux motifs », m'a-t-il confié.

Ils ne me laisseraient donc jamais de répit. Que faire ? Interrompre les livraisons ? C'est ce qui arriva.

*

Tu étais convaincue que je n'aurais pas les forces nécessaires pour tenir. Tu me disais que ma maladie m'avait fragilisé, que je n'étais pas plus résistant que les autres. Et si ma maladie m'avait justement préparé à supporter la privation de liberté ?

Jusqu'à aujourd'hui je résiste. Mon esprit tient mon corps à flot. C'est toi que mon enfermement a tuée.

Il est quinze heures, personne n'est venu me chercher. Je vais être en retard à notre dernier rendez-vous à l'église. Je cogne à la porte. J'appelle. Je hurle. Mal aux poings. Seul le silence m'entend.

*

Le lendemain, le 22 juillet, au milieu de la nuit six militaires sont venus m'extirper de ma cellule. Sans la moindre explication, ils ont emballé mes affaires. Retour au siège de la gendarmerie et des services de renseignements du Cameroun.

– C'est un endroit plus sûr pour vous, me glisse en chemin un jeune capitaine.

Je n'en ai rien tiré de plus, mais à voir le nombre de véhicules, je n'étais pas le seul prisonnier à être transféré au SED.

– Edzoa est là aussi ?

L'un d'eux a acquiescé du regard.

Si en prison je n'avais jamais croisé le professeur Edzoa, au camp militaire on nous avait conduits au deuxième sous-sol d'un bâtiment par le même couloir, chacun dans une cellule individuelle. La mienne d'abord, la sienne un peu plus loin. On m'avait poussé dans une pièce si étroite que j'avais l'impression d'être jeté dans un tombeau. Cet endroit n'avait rien d'une cellule de prison, par ses dimensions, l'absence d'aération, son obscurité.

J'étais revenu au point de départ. Allait-on reprendre l'instruction de zéro ? Les geôles du camp militaire n'étaient que des cellules provisoires, aucunement destinées à maintenir en captivité les condamnés dans la durée. Au-delà de l'impression de régression, cet endroit n'était pas comparable à mon antichambre à la police judiciaire. Là-bas j'étais encore dans la vie, dans un lieu de passage. Ici j'étais dans une impasse, dans l'antichambre de la mort.

*

C'est là que je croupis aujourd'hui encore. Nous sommes en 2002. Cinq années ont passé et le monde m'a oublié. Mes geôliers sont des militaires et des gendarmes qui n'ont aucune idée précise de la juste manière de traiter un prisonnier. Si je ne suis pas rudoyé, je suis ignoré. Alors j'essaie de me faire oublier. Le mépris est mon quotidien, ma plus grande souffrance.

*

Les premiers mois de ma captivité, je les ai passés dans un isolement total. Deux mois et demi durant, pas une seule fois je n'ai vu le jour. J'étais un vivant en état de mort, ou plutôt un mort auquel la vie ne laissait pas de répit.

Puis j'ai obtenu que tu puisses à nouveau m'apporter à manger. Tu déposais un panier au bout du couloir, un militaire le fouillait et me l'apportait. Jamais je ne réussissais à t'approcher, jamais ils ne me laissaient approcher qui que ce soit d'ailleurs. Aucune procédure, pas d'avocat. Une fois par jour, le midi, on m'emmenait récupérer ma nourriture, puis on me ramenait à ma tombe.

Le 3 octobre 1997, on est enfin venu m'extraire du sous-sol. La lumière du jour m'éblouissait, je titubais, posais avec peine un pied devant l'autre. On m'emmenait à la Cour suprême pour assister à l'audience relative à une demande de remise en liberté introduite par Edzoa. J'étais hagard et je n'avais pas d'autre choix que d'accepter ce rôle de figurant.

Sans que personne en soit surpris, la Cour suprême a rejeté la demande de l'ancien secrétaire d'État du président. Tandis que nous nous tenions prêts pour être reconduits au SED, on nous a indiqué qu'une deuxième audience nous attendait, au tribunal de grande instance cette fois.

Dans la salle d'audience, juges, avocats de l'État et procureur étaient en place. Notre procès allait s'ouvrir ! Le mauvais scénario suivait son cours, avec dans le rôle des accusés réduits au silence Titus Edzoa et Michel Thierry Atangana !

La farce a duré de dix-sept heures à quatre heures du matin. Dans la salle se tenaient ma mère, mon épouse et quelques proches. J'osais à peine les regarder, tant la situation était humiliante, cauchemardesque. En l'absence d'avocat, mon compagnon d'infortune gardait lui aussi le silence. Comment nous défendre sans rien savoir du dossier ? Alors que la procédure, si on peut parler de procédure, n'avait jamais été respectée, pas même en ce lieu.

On m'a présenté les chefs d'inculpation les plus fantaisistes, mais je notais qu'un effort avait été fait sur leur quantité : faux diplômes ; fausse carte de séjour (on m'accusait de résider dans le pays illégalement !) ; détournement de fonds au moment de la liquidation de la BCCI (Bank of Credit and Commerce International), malversations lors de l'organisation du sommet de l'OUA (Organisation de l'unité africaine) ; détournement de 350 milliards de francs CFA, etc. Un fatras de dénonciations calomnieuses transformées par la magie de la justice en chefs d'inculpation !

Le procureur magistrat instructeur a longuement monologué, les avocats de la partie civile vociféraient, les témoins récitaient leurs leçons, et à minuit le jugement a été mis en délibéré.

Quatre heures plus tard, j'ai été condamné, à l'instar de Titus Edzoa, à quinze ans de prison ferme pour « détournement de fonds publics, tentative de détournement de fonds publics et trafic d'influence en coaction ».

Quinze, quinze, quinze, le chiffre tournait dans ma tête, brouillait mon cerveau, ma vue, me rendait sourd au monde alentour. Je ne sais comment dire le sentiment d'engloutissement qui m'avait assailli.

La juge m'a autorisé à parler à ma femme avant que je ne sois écroué. Je me souviens de chacune des phrases qu'elle a prononcées au pire jour de ma vie. Son regard était chargé de colère, vide de compassion.

« Michel, tu m'as humiliée ! Cette femme qui était assise à côté de ta mère, qui est-ce ? »

J'étais abasourdi ! C'était une amie d'enfance, qui assistait au procès pour me soutenir, à l'instar de membres de ma famille. Je venais d'être condamné à quinze ans de réclusion, et au lieu de me réconforter ma femme m'inventait une maîtresse !

– Amie d'enfance ou pas, je sais qu'elle est ta maîtresse !

J'étais groggy, sonné. Son délire, c'était le cauchemar de trop.

J'ai quitté la salle avec les gendarmes en cherchant ton regard. Maman, tu m'avais préparé à la sentence. Tu la connaissais déjà. Tu m'avais dit qu'il n'y aurait pas de procès, que j'allais prendre quinze ans.

J'ai été condamné de manière expéditive, sans avocat, sans preuve, sans rien savoir du dossier. J'étais prostré, étranger à ma vie, à la foule, pas même capable de te réconforter. Quinze, quinze, quinze, un chiffre vertigineux, affolant.

*

Si fou que cela puisse paraître, j'ai été soulagé d'être ramené à Kondengui. En chemin, j'ai retrouvé mes esprits et compris la logique de cette procédure expéditive : l'élection présidentielle allait se tenir le 12 octobre 1997, et le pouvoir voulait empêcher Titus Edzoa de se présenter. Pourtant, il était grotesque d'imaginer qu'un homme arrêté en juillet soit en position de remporter une élection trois mois plus tard ! Paranoïa de l'État ? Il faut dire qu'au Cameroun la répression des opposants est implacable. La lutte contre la corruption est souvent utilisée pour les mettre hors jeu et les jeter en prison. Chef de l'État depuis 1982, Biya règne sans partage au sommet d'un État classé 153e mondial sur 189 pays par l'ONU en termes de développement humain[1].

Le pouvoir s'était inventé un ennemi et il lui avait imaginé un allié. J'étais taillé pour ce rôle puisque j'avais

1. L'indice de développement humain (IDH) est un indicateur synthétique servant à mesurer les progrès réalisés à long terme dans trois dimensions fondamentales du développement humain : une vie longue et en bonne santé, l'accès aux connaissances et un niveau de vie décent.

conseillé Titus Edzoa et avais travaillé avec lui dans le cadre de ma mission.

Je suis un dommage collatéral.

Négligeable.

Ou peut-être pas tant que ça, car ce n'est pas à Kondengui qu'on m'a conduit.

4

Fermer les yeux pour te voir

Ce funeste 4 octobre 1997, au lever du jour, on ne m'a pas ramené en prison, mais à ma tombe. Retour à la case départ du cauchemar. C'est au deuxième sous-sol de la base militaire du SED que j'allais croupir. Un lieu de non-droit, sorte de Guantánamo à la camerounaise.

*

L'enfer est décrit comme une douleur extrême expérimentée après la mort. Un état de souffrance aiguë du corps et de l'esprit. Moi je le vis, même si je doute d'être encore vivant, même s'il m'arrive de souhaiter ne plus l'être. Je suis enfermé nuit et jour dans un abîme obscur, malodorant, humide ; une tombe où le silence de la nuit me plonge dans le néant.

L'enfer mesure sept mètres carrés. Il est équipé d'un lit étroit et d'un robinet fixé au mur sous lequel est posé un seau. Lorsque mes gardes sont fâchés, ils confisquent la poignée du robinet. Au pied du lit, des toilettes à la turque dont l'évacuation s'effectue *via* un simple trou creusé au bas du mur vers une rigole qui chemine devant ma cellule. Pas de fosse septique. L'odeur est intolérable, d'autant plus que la cellule de Titus Edzoa, située en amont, évacue par le même circuit. Absence de lumière naturelle, humidité, restriction d'espace forment un cocktail mortifère.

L'enfer, mes geôliers l'ont baptisé « le Fourgon », en raison du froid et de l'humidité constante. Un lieu invivable, vertigineux, un trou noir où le soleil ne perce jamais, où l'air est épais, gluant, le silence tonitruant.

*

Les premiers jours d'enfermement ont été les plus durs. Comment discipliner le corps et l'âme dans cette illusion de l'être ? Le corps doit s'habituer à une pesanteur constante, l'esprit doit apprendre un nouveau chemin. J'ai dû me battre pour m'approprier ma tombe ; en chasser les rats, les souris, les cafards.

Au fil des semaines, mon corps s'est affaibli, mes forces m'abandonnaient. J'avais beau piétiner plusieurs heures par jour, mes muscles fondaient. Plus je gesticulais, plus l'espace semblait rétrécir. J'étais emmuré vivant au niveau des fondations du bâtiment principal du ministère de la Défense.

Les vingt-huit premiers mois, j'y ai agonisé vingt-trois heures sur vingt-quatre, flottant à la lisière de la démence. Mes petits pas quotidiens le long de mon lit m'empêchaient de me noyer définitivement. Les premiers temps, un néon restait allumé vingt-quatre heures sur vingt-quatre. L'interrupteur se situait à l'extérieur de la cellule et il m'a fallu implorer des semaines durant pour qu'enfin mes bourreaux acceptent de percer un trou dans le haut du mur me permettant de l'atteindre du bout des doigts.

Dans le désespoir et l'oisiveté, j'ai bien tenté de modifier la configuration des lieux en poussant le lit contre le mur opposé. Changer de perspective m'a brièvement permis d'avoir le sentiment diffus de m'être déplacé. Mais ce seul changement de point de vue possible plaçait mon lit dans le prolongement direct des toilettes, qu'aucun rideau ne sépare du reste de la « pièce ». En fait, aucune perspective n'offre de soulagement. Rien ne fait illusion, rien ne trompe l'ennui. Jamais.

La violence du désœuvrement a vite attaqué mon corps. Impossible de rester allongé et d'attendre que le temps passe. L'effort de maîtrise de soi que cela suppose est surhumain.

Les premiers temps, j'étais même incapable de m'endormir le soir. Des crises d'agitation incontrôlables m'assaillaient. Comment trouver le repos quand on est condamné à ne rien faire ? C'est un aspect subtil de la peine. Mais peu à peu, contre toute attente, mon corps et mon esprit se sont habitués.

Après une année d'« adaptation », je me couchais le soir et je me levais le matin, comme si je menais une vie normale. Résignation salvatrice pour ne pas crever. Démonstration absolue des facultés de l'homme à s'adapter à n'importe quel environnement.

*

Aujourd'hui encore, de fréquents délestages de courant me laissent de longues heures dans l'obscurité. C'est chaque fois un choc psychique et physique lorsque la lumière succède à une interminable période de noir. Ou l'inverse d'ailleurs.

Le chapelet que je suis parvenu à conserver depuis mon arrestation m'aide à ne pas sombrer dans la folie. Je calme mes angoisses avec les textes de l'Ancien et du Nouveau Testament. « La prière n'écarte aucune souffrance par un bienfait particulier : elle forme par la patience ceux qui pâtissent, qui souffrent et qui s'affligent, elle développe la grâce par son efficacité pour que la foi sache ce qu'elle peut obtenir du Seigneur, en comprenant qu'elle souffre pour le nom de Dieu », écrivait Tertullien, le plus éminent théologien de Carthage. Mantra apaisant auquel je me raccroche.

Mon esprit abandonné au néant, en quête d'un ailleurs, cogne aux frontières de mon corps. Depuis cinq ans, un comportement animal me pousse à aller et venir sans relâche le long de mon lit. Si je perds ce réflexe salvateur, je suis fichu. Deux pas de côté vers la porte – il m'est impossible de les faire dans le sens de la longueur – puis en sens inverse. Je piétine inlassablement tel un lion le long des barreaux de sa cage. Sauf qu'il n'y a rien à voir, aucun mouvement extérieur qui me relie à une vie possible. Je piétine à en devenir dingue. Piétiner rend fou. Ne rien faire rend fou.

Et impossible de m'habituer au bruit incessant des véhicules qui circulent dans la cour, ni aux fortes odeurs des gaz d'échappement. Elles infiltrent mes poumons par l'étroite bouche d'aération, me font suffoquer, me rendent nauséeux. Je songe aux heures sombres du siècle dernier, aux camions à gaz utilisés par le Troisième Reich pour assassiner les handicapés et les juifs au début de la guerre, avant que ne soient mises au point les chambres à gaz. Le raffinement sadique de mes tortionnaires commencerait-il à me rendre paranoïaque ?

Chaque jour pourtant je remercie Dieu d'être encore en vie. Je prie pour ceux qui se battent pour moi au-dehors. Ils sont une chaîne solidaire, un cordon de survie invisible. Leurs visites structurent un temps trop vide.

*

Ton enterrement est dans cinq jours. Ce matin, ni mes efforts d'adaptation ni l'espérance que je puise dans le recueillement et les textes sacrés ne sont suffisants. Jusque-là je réussissais à canaliser mes assauts de désespoir. Depuis l'annonce de ton décès j'ai perdu pied.

*

Comme ce jour du mois de février 2000, où j'ai refusé de réintégrer ma cellule. Tu n'en as jamais rien su. Ce jour-là, j'avais pu te parler. Tu étais partie et je n'étais plus parvenu à me contenir. Retourner dans mon tombeau était au-dessus de mes forces. Une phobie absolue à la perspective de réintégrer le Fourgon s'était emparée de moi. Les soldats ont ordonné et moi je suis resté planté sur mon bout de véranda. Respirer, marcher, plonger mon regard vers le ciel, vers la cour, vers n'importe où d'ailleurs pourvu qu'il ne bute pas sur un mur. Rien d'autre ne comptait. Leurs menaces, je m'en fichais. J'étais déjà mort de toute façon. J'ai gueulé « Non ! Je refuse d'y retourner. Vous n'avez qu'à me tuer. Tuez-moi ! ». Un peu embarrassés, les gardes ont promis d'en référer à la hiérarchie. Ça m'a calmé net, donné un ridicule espoir.

*

Aujourd'hui c'est pire. Je suis plus vulnérable que jamais. Pas même autorisé à te rejoindre pour m'agenouiller devant ton cercueil.

Même le Comité international de la Croix-Rouge[2] ne pourrait rien pour adoucir mon sort. La souffrance est

2. L'action du CICR se fonde sur les conventions de Genève de 1949, et ses visites dans les lieux de détention ont pour but de garantir que les détenus sont traités avec dignité et humanité, conformément aux normes et règles internationales.

dans mon cœur, invisible. Aucun argument raisonnable n'est valable en la matière.

Sans le CICR, intervenu en 2000, je serais sûrement mort. Peu de temps après ma « rébellion », ses délégués, ayant appris l'existence de cellules spéciales dans les caves du SED, ont obtenu, après des tractations probablement laborieuses, de me visiter. Une entrevue éclair sous la surveillance des gendarmes. Bouleversés par mes conditions de détention, ils ont promis d'agir à l'amélioration de mon quotidien et demandé mon transfert dans une vraie prison.

La police judiciaire n'assure pas les repas. Ni quoi que ce soit d'autre d'ailleurs. Normal, ce n'est pas une prison, et les gendarmes ne sont pas des gardiens de prison ! Il n'y a pas de règlement intérieur. Logique, mon tombeau, creusé au cœur d'un camp militaire, est sous le sceau de la loi martiale.

Grâce au CICR, mon isolement n'a plus été total. Mon temps d'enfermement a été officiellement ramené à treize heures par jour. En théorie, les gardes devaient me sortir du Fourgon chaque jour entre neuf et vingt heures. En pratique, cette sortie s'effectuait – et s'effectue toujours – au bon vouloir des gardes, qui m'accordent deux à trois heures quotidiennes hors de ma cellule. Le CICR me fait également parvenir des livres. Ils sont mon bien le plus précieux. Si l'un de leurs délégués me visite tous les six mois, leur combat pour l'ouverture d'aérations dans ma cellule demeure un échec.

Si leur intervention a allumé une lueur dans ma nuit, aujourd'hui il n'en reste que des braises.

*

Les droits de l'homme ne sont clairement, pour les autorités camerounaises, qu'une question abordée à l'occasion d'une visite en Europe d'un chef d'État pris d'élans de vertu face à la presse libre. Dans les faits, l'arbitraire règne et je suis bien placé pour le savoir. Pour autant, mes heures hors du Fourgon, même si elles sont tronquées, sont un miracle. Ce peu de liberté, je lui dois de ne pas crever.

J'avais également obtenu un poste radio lecteur de cassettes. Malheureusement, tout ce que j'entends à mon propos n'est que calomnies, rumeurs, mensonges. Allongé sur mon lit, je passe de longues heures les yeux mi-clos à écouter de la musique. J'aime les chansons à texte, Brel, Goldman, Gainsbourg et tant d'autres. La musique est une drogue douce invisible qui m'apaise, me console et me réconcilie avec les hommes.

Il y a quelque chose de vertigineux dans ces heures d'un semblant de liberté distillées dans une vie de torpeur constante. Que vais-je faire? Ceux qui me visitent sous la petite véranda où je reste cantonné ne sont jamais autorisés à rester plus d'une heure. De toute façon le périmètre du SED, envahi de véhicules militaires, du dépôt d'essence et de soldats en armes, n'a rien d'un espace de promenade. Ce temps hors du

Fourgon, qu'ils ont baptisé « bain de soleil », je le passe là entouré de gendarmes.

Avec le temps, je me suis organisé pour remplir ces heures de « sortie ». Dès que possible, un ecclésiastique me rejoint et nous prions ensemble. Je peux m'unir au Christ dans l'eucharistie et communier. J'ai le sentiment que cela tient un peu mes bourreaux à distance.

Tandis que mes proches – maman, mes sœurs, des amis de la famille – continuent à m'apporter ma nourriture, mon lien avec la vie et avec Dieu se renforce. Ma femme, elle, m'en veut de n'avoir pas signé et s'éloigne inéluctablement. J'ai désormais quelque chose qui s'apparente à un emploi du temps, un semblant de vie, si misérable soit-elle.

Un rythme bouleversé occasionnellement lorsque je reçois une nouvelle inculpation. Systématiquement, on vient me tirer de ma cellule. Toujours sous escorte massive, sirènes hurlantes, on me conduit vers une destination inconnue, dont je finis toujours par comprendre qu'il s'agit du bureau du procureur.

*

Les deux premières années, j'ai reçu quatorze inculpations. Toujours les mêmes, en fin de compte ! On me reprochait en boucle d'avoir bénéficié d'une fausse carte de séjour, d'avoir falsifié mes diplômes, d'avoir détourné de l'argent lors de la liquidation de la BCCI, etc. Une rengaine qui disait l'épuisement de mes accusateurs, incapables de trouver de quoi nourrir leur dossier d'une manière crédible. Ils avaient besoin de nouvelles inculpations, car ils savaient que les accusations ne tiendraient pas face à une défense organisée.

Je reconnaissais là les techniques peu subtiles déjà mises en œuvre lors de mon arrestation, dont l'objectif était de m'anéantir psychologiquement et de laisser penser à la population de Yaoundé que j'étais un ennemi de l'État. Sur le plan judiciaire, la succession, la répétition et la multiplication des inculpations ne laissaient pas de doute : l'État, par l'intermédiaire d'une justice aux ordres, avait mis en place la stratégie dite « du rouleau compresseur[3] ».

Il s'agit d'intimidation. On ne me laisse pas de répit, et jamais la possibilité de préparer mes entrevues avec le procureur. Je m'efforce de ne pas prêter attention aux rumeurs. Certaines me parviennent, me blessant durablement. Ainsi, le nombre de militaires affectés à ma surveillance m'atteint, parce qu'il suffit pour faire croire à la population que je suis effectivement dangereux. Je compterai jusqu'à trente militaires mobilisés pour m'escorter jusqu'au bureau du procureur. Dès qu'on me sort de ma cellule, une bonne dizaine de mitraillettes me mettent en joue. Ma hantise constante est de recevoir

3. Une écoute téléphonique entre le secrétaire général de la Présidence et le ministre des Finances, datant de 1997, dévoilée lors du second procès Atangana de 2009-2011, l'attestera.

une balle perdue. Au-delà de l'effet d'intimidation recherché, il y a une autre raison à la multiplication des gardes. Si la hiérarchie est si prompte à mobiliser les troupes, c'est qu'elle y trouve un intérêt financier. Plus on me prétend dangereux, plus les hommes engagés sont nombreux, plus les budgets alloués à ma surveillance augmentent ! Les militaires reçoivent des primes pour veiller sur moi, des bons de carburant, des jours de récupération, etc. J'imagine aisément qu'ils gonflent les effectifs et les frais. Si quarante militaires sont demandés alors que dix sont effectivement mobilisés, les bénéfices vont à l'encadrement !

Exagérer le risque que je représente pour ces militaires craintifs est une manière de prouver au président qu'ils veillent sur la présidence et connaissent leur mission. Ils ont su créer une fiction : celle de ma dangerosité. La mise en scène de mes sorties du camp s'est ainsi reproduite quatorze fois en vingt-huit mois. Je suis soumis au temps propre d'une justice qui me rappelle à chaque instant à quel point je suis à sa totale disposition. Son rythme écrase celui qu'elle désigne, et je ne crois pas faire insulte à la justice camerounaise en supposant qu'elle méprise les justiciables. Mon attente devant le bureau du procureur est toujours interminable. Chaque fois, il me reçoit cinq minutes et m'inculpe sans même lever les yeux. Une mise en scène pathétique. Sa routine.

Parmi les affaires qui ont servi de matière aux nouvelles inculpations, mes diverses collaborations avec

Titus Edzoa, alors secrétaire général du chef de l'État, offrent une manne inespérée à leur stratégie d'accablement.

À la direction du Comité, j'avais été régulièrement sollicité en tant qu'expert financier dans le cadre de diverses missions pour le compte de l'État. J'avais notamment été consulté à propos de la liquidation de la Bank of Credit and Commerce International (BCCI). En 1991, cette banque, fondée au Pakistan en 1972 et basée au Luxembourg, avait fait faillite, avec une dette de 20 milliards de dollars, après avoir été associée à diverses activités criminelles, notamment blanchiment d'argent de la drogue et financement du terrorisme. Elle était accusée de s'être appuyée sur l'épargne de petits déposants pour financer les activités de ses gros clients. Près d'un million de clients avaient ainsi perdu leurs fonds dans cette faillite[4].

Mon intervention avait concerné les éleveurs du nord du pays touchés par la fermeture de la branche camerounaise de la BCCI. Afin de sauver leurs fonds, ces épargnes avaient été virées en Europe et le gouvernement camerounais avait mis en place un comité pour en suivre la gestion. À mon arrivée au Cameroun, le président attendait vainement des comptes rendus. Un liquidateur avait pourtant été nommé et des missions

4. Lire notamment *The BCCI Affair: A Report to the Committee on Foreign Relations*, par les sénateurs américains John Kerry et Hank Brown, décembre 1992.

aux coûts astronomiques ordonnées. Au cours d'une réunion de concertation de la division économique dont dépendait le Copisur, j'avais pris la responsabilité d'affirmer que la méthode suivie jusqu'alors n'avait pas été la bonne et je suggérai de s'adjoindre les services d'un avocat français pour négocier avec le liquidateur. Il restait à ce moment moins d'un mois pour sauver les fonds. Le président Biya avait donc chargé Titus Edzoa de suivre cette liquidation, et à sa demande j'avais rejoint la délégation envoyée à Paris. Nous étions ainsi parvenus à sauver une grande partie des sommes épargnées par les éleveurs. Le liquidateur avait donné son accord et fait admettre les créances camerounaises. Si à mes yeux il était normal de tenter de préserver les intérêts des plus pauvres, au Cameroun mon action avait eu une répercussion politique inattendue. Le président était satisfait, mais je pense que cela avait nourri des jalousies dans son entourage qui avaient conduit, au moment de mon arrestation, à de fausses accusations. Pour mener à bien la liquidation, j'avais dû désigner un compte bancaire sur lequel transférer les fonds issus de la liquidation. Quand on m'avait inculpé, on m'avait accusé d'avoir détourné 150 milliards de francs CFA sans jamais me donner la possibilité de m'expliquer, alors même que la régularité de l'opération était facile à prouver. Mais les rumeurs étaient lancées : j'avais volé l'argent de petits épargnants confié à à une banque mafieuse !

Une autre affaire me semble illustrer ce mécanisme d'accablement. Titus Edzoa m'avait chargé de mettre en place un système de navette efficace permettant de circuler au sein du vaste complexe immobilier du palais présidentiel d'Etoudi, l'accès aux véhicules individuels en ayant été interdit pour des questions de sécurité. Le budget était considérable (954 millions de francs CFA). J'avais vingt-quatre heures pour résoudre le problème. Sans attendre, je m'étais rendu chez Summit Motors Cameroon, un concessionnaire avec qui je travaillais autrefois à Paris. Le prix d'un bus Mitsubishi ne dépassait pas les 8 millions de francs CFA, alors qu'on m'avait fixé un budget de 45 millions par véhicule. Satisfait, j'avais donc rapporté les contrats signés au juste prix sans mesurer la haine que j'allais m'attirer. Le budget avait été sciemment surévalué, et selon toute probabilité, quelqu'un espérait empocher la différence ! Quand on m'avait inculpé, au prétexte que j'aurais volé une partie du budget alloué à l'achat de ces bus, j'étais convaincu que cela ne tiendrait pas. Récupérer les factures serait facile. Mais rien n'est facile dans cette procédure sans fin.

Ces deux affaires qui n'en sont pas démontrent que tous les dossiers dans lesquels apparaissait mon nom allaient être instrumentalisés pour servir mon arrestation. Et cela démontre aussi que mes accusateurs n'ont jamais disposé d'éléments probants. Ils ont fait feu de tout bois, un feu bien minable qui ne résistait jamais à l'épreuve de la réalité. Pour autant, leur acharnement ne faiblit pas. De nouvelles procédures sont sans cesse lancées, le fameux « rouleau compresseur » qui soulève un épais nuage de fumée.

*

Tu as tout essayé pour voir clair dans cette affaire, pour comprendre ce qu'il se tramait. Les portes auxquelles tu as frappé sont toutes restées closes. Aucun des magistrats, avocats, auditeurs de justice croisés au cours de tes trente années de carrière n'a accepté de t'aider, ni de t'apporter la moindre information. Un constat qui a achevé de t'anéantir. Ta conscience aiguë de l'aspect politique de l'affaire t'a interdit d'espérer. Et vivre sans espoir, ce n'est plus vivre.

*

L'appel déposé à l'issue du procès d'octobre 1997 a été rejeté le 27 avril 1999. J'ai aussitôt décidé de me pourvoir en cassation, et je consacrais les rares heures passées sous l'étroite véranda à préparer ma défense. Cette misérable oasis perdue en enfer allait vite se révéler être un lieu stratégique.

J'y reçois aujourd'hui encore mes avocats, mes défenseurs, mes amis, les prêtres aussi. Je m'y sens protégé. J'arrive à croire que les bruits du camp y couvrent nos discussions. Et surtout, ici, je respire à pleins poumons. Sensation de m'y purifier les bronches des relents de mon tombeau.

Plusieurs avocats ont finalement accepté d'assurer ma défense. De manière bénévole, avec l'espoir de percevoir leurs honoraires une fois que l'État camerounais m'aurait libéré et m'aurait rendu l'usage de mes comptes bancaires. Mes avoirs étaient gelés, et la construction des immeubles de Nsimeyong et d'Etoa-Meki dont j'étais à l'origine a été abandonnée faute de liquidités. Tout ce que j'avais bâti depuis mes premiers stages était sous la menace d'une disparition définitive.

Le rythme de ma non-vie est un faux rythme. Les gardiens, souvent impitoyables, en donnent le ton. Certains jours je suis oublié dans la cellule, d'autres interdit de messe. La tension est constante et j'ai le sentiment de m'enliser chaque jour davantage. Le semblant de régularité auquel je tente de me raccrocher est un leurre. L'autorité fait en sorte que jamais je ne puisse prendre confiance en moi ou dans un ordre des choses.

Je m'étais enhardi à demander qu'un prêtre puisse venir quotidiennement dire la messe sous ma véranda. Sans réponse du commandement, je m'en étais ouvert au prêtre présent le dimanche au camp. Et un beau jour l'un de mes anciens enseignants au petit séminaire était venu m'informer que le diocèse avait rejeté ma demande sous prétexte que l'endroit n'était pas approprié et que l'affaire était trop politique. Puis l'abbé avait chuchoté à mon oreille « Je connais la force de ta foi. J'ai adressé une lettre au commandant du SED pour dire que j'autorisais la messe en permanence ». Il avait désobéi à sa hiérarchie.

Depuis, je ne relâche pas mes efforts pour obtenir le plus souvent possible qu'un prêtre vienne dire la messe sous la véranda. Avec le temps, une chaîne de prêtres s'est tissée, une formidable famille spirituelle qui me soutient. Chaque rencontre est un moment qui me renforce. La messe m'apaise et les discussions que nous avons parfois le temps d'avoir me consolent. Des échanges nourris par ma lecture permanente des textes, mon expérience de l'injustice et de la relégation hors du monde. Quand un prêtre est disponible, c'est par la messe que je démarre mon temps hors de la cellule, avant même de voir mes proches ou de récupérer ma nourriture. Grâce au courage de cet abbé, j'approche le Christ hors de mes heures solitaires. Il est de ces hommes capables de passer outre les consignes de leur hiérarchie lorsqu'ils estiment juste de désobéir. Il faut un grand courage pour s'opposer à l'autorité du clergé. Il est de ces hommes admirables qui se mettent en danger pour sauver des vies. Lui a contribué à sauver la mienne.

J'affronte ainsi le temps grâce à ce semblant de vie que j'essaie de maintenir. Les mois, les années s'écoulent dans une sorte d'immobilité. La justice dort sous une lourde perfusion de sédatifs imposés par le pouvoir.

Et alors que mon procès d'octobre 1997 avait été expédié en quelques heures, le pourvoi que j'ai formé en cassation reste au point mort. Mes avocats peinent à obtenir des nouvelles de l'instruction, et quand on leur en donne, c'est pour leur dire qu'il n'y en a pas. « C'est en cours. » Rien ne se passe, rien n'avance.

*

Quand nos vies se sont écroulées, tu venais de prendre ta retraite et tu es devenue la honte de toute la « famille judiciaire ». Tes liens amicaux avec ce monde étaient rompus. La seule information que tu avais obtenue, c'était que mon procès serait une farce. Je ne saurai jamais si tu avais appris cela de source sûre ou si tu l'avais déduit de ton expérience de la justice camerounaise.

Quand tu venais me voir, tu me répétais : « J'ai tant sauvé de gens en difficulté avec la justice, me voici incapable de sauver mon propre fils. Ma vie n'a donc servi à rien. »

Ton impuissance à m'aider, tu la vivais comme un échec personnel.

Tu avais raison maman. Je vais mourir sans qu'ils aient eu besoin de m'exécuter. L'insalubrité, la négligence, la privation de lumière, la rareté de l'air, une maltraitance sourde et d'apparence accidentelle, comme cette bousculade lors de mon arrestation, font leur œuvre. Inéluctablement, mon corps me lâche.

*

Avril 2000. Comme si l'épreuve n'était pas suffisante, j'ai dû subir une nouvelle intervention chirurgicale. Mon pied, violemment piétiné lors de mon arrestation, me faisait tellement souffrir qu'un beau matin j'ai été incapable de me lever. Je me voyais être amputé, voire mourir d'une infection généralisée.

L'infirmier du camp militaire a fait appeler le médecin en charge de la santé des gendarmes. J'étais brûlant de fièvre, délirant dans une semi-inconscience. Cette fois mon mental n'y suffirait pas. Pour le médecin, je méritais les mêmes soins que tous les hommes du SED dont il avait la charge. Sur son insistance, le commandant avait donné son accord pour un transfert urgent à l'Hôpital général de Yaoundé. Les radiographies montrèrent qu'un morceau d'os s'était détaché, probablement lors de la bousculade de mai 1997. L'éclat d'os était sûrement à l'origine de l'infection. J'acceptai l'opération mais refusai l'anesthésie générale. Même si j'avais accordé ma confiance à ce médecin, ma confiance en l'homme et en toutes les institutions du pays était rompue. Tout me paraissait gangrené par la corruption, la servilité, la volonté de nuire.

– De toute façon, m'a expliqué le chirurgien, nous n'avons pas le temps de procéder aux examens nécessaires avant une anesthésie. Tu n'auras qu'à serrer les dents.

Il me désignait l'horloge du bloc.

– Regarde bien, tu as vingt minutes à tenir.

L'opération a duré une heure, sans même une anesthésie locale. Soixante minutes de supplice, d'une torture intolérable de la chair mise à vif, travaillée par des instruments métalliques. Je manquais de m'évanouir à chaque instant. Je m'efforçais de ne pas gémir, je serrais les dents pour ne pas hurler.

Le chirurgien tentait de me rassurer. Tout se passait bien, ce serait bientôt fini. Chaque minute me semblait une éternité, comme si l'aiguille de l'horloge était bloquée. Je fermais les yeux. Voir les secondes s'égrener ne faisait qu'ajouter à ma souffrance.

En fin de matinée, j'étais de retour au SED. Je passai deux jours en cellule, sans pouvoir sortir. L'infirmier venait quotidiennement changer mes pansements. Il me rassurait aussi. Je refusais de prendre des antidouleurs. Ses soins et sa présence m'ont permis de survivre à l'opération.

*

Je suis seul dans mon tombeau à l'heure de ta messe funéraire. Je pensais avoir touché le fond du désespoir. Je me trompais. J'ai le sentiment de t'abandonner à l'heure de nos adieux. J'ai beau savoir que tu trouveras Dieu, je me sens impuissant, irresponsable. Je ne suis même pas capable de te remettre à Dieu. Voilà la vraie douleur, elle ne relève pas de la souffrance physique, ni de l'incertitude quant au sort qui m'attend. Non. La douleur c'est cette coupure, cette négation de mon amour filial. Nos esprits étaient connectés au-delà de l'enceinte du camp militaire. Le tien va trouver la paix éternelle. Désormais je suis seul. À jamais. Un jour je ferai entendre ma voix, un jour le monde saura. Sinon, à quoi bon continuer ici-bas ?

Samedi 17 août 2002. Quinze heures. Ton cercueil est posé devant l'autel. Mes sœurs sont là, au premier rang, les yeux noyés de larmes contenues. La scène se déroule dans ma tête. Un chant s'élève, grimpe vers les voûtes. Debout, devant ton cercueil, je pose une main sur le bois sombre. L'orgue se met à jouer. Agenouillé à côté de ma paillasse, mains jointes, je te rejoins. Les textes de la messe, je les ai choisis. Union de nos âmes au-delà des murs. Le prêtre lit mes mots; ils sont mon message d'amour ultime. Je les murmure au diapason, les yeux fermés pour te voir.

5

Vaincre le temps pour ne pas crever

18 août 2002. Dans le sombre couloir qui mène à ma cellule, je croise Titus Edzoa. Arrivé à ma hauteur, l'homme marque une pause. Les gendarmes qui l'encadrent laissent faire. Ils sembleraient presque émus de ma tristesse.

Le professeur me trouve affaibli, s'étonne de mes larmes.

« Ne montre pas ta faiblesse aux militaires. Un homme d'État ne pleure pas », me lâche-t-il, la voix empreinte d'une stupide solennité.

Je ne suis pas un homme d'État. Je suis un fils qui pleure sa mère ! Tu viens de mourir et celui pour qui j'ai ruiné mon existence, l'homme qui a causé ta mort, me donne une leçon de vie. Je serre les dents. Les poings aussi. Les mots de ce misérable technocrate ne sont décidément dictés que par sa soif de pouvoir. J'ai tout sacrifié pour lui éviter l'exécution capitale. Je ne veux ni reconnaissance ni compassion. Juste qu'il se taise !

Et il reste planté là, ses petits yeux perçants injectés de sang. Que les gendarmes l'emmènent. Cela fait cinq ans que nous nous croisons dans la pénombre du sous-sol. En silence, toujours. Pourquoi l'ont-ils laissé me parler ? Il me fixe à travers ses petites lunettes d'un air suffisant. Je voudrais lui cracher au visage.

Je reste impassible.

Tu es morte à cause d'une vermine. Je suis si désolé maman.

L'ancien secrétaire d'État Biya et moi sommes condamnés à la même peine. Mais sa cellule est plus grande. Sans doute un privilège réservé aux hommes d'État qui ne pleurent pas. Il sait ce qu'il me doit, mais depuis notre condamnation il n'a jamais cherché à me parler. Nos rapports sont inexistants. La situation est opaque : est-il à l'origine de la rumeur sur mon prétendu engagement à devenir son directeur de campagne ?

C'était la phrase de trop. À dater d'aujourd'hui, je ne lui adresserai plus la parole. Jamais.

23 octobre 2003. Sans surprise, la Cour suprême rejette la demande de pourvoi en cassation. Une partie de moi s'accrochait encore à l'improbable, à cette phrase que tu me disais enfant en désignant les prisonniers en partance pour Kondengui : « Personne n'est au-dessus des lois. » Sauf quand un gouvernement s'en affranchit. C'est dans une solitude morale abyssale que j'encaisse ce nouveau coup. Je suis dans un cul-de-sac. Plus de

recours possible. J'ai purgé six années d'une peine injuste. Il m'en reste neuf à affronter.

Vertige.

Allongé dans l'obscurité de mon tombeau, je prie. Mes enfants vont grandir sans moi. Pas sûr que je tienne. Toi vivante, j'aurais été incapable de t'infliger mon suicide. Mais tu n'es plus là. Sans compter qu'une autre information judiciaire initiée en 1997 pour tenter de trouver une assise à la condamnation arbitraire a été ouverte. Je crains le pire. J'ai vu la justice à l'œuvre, les faux témoins, les allégations sans fondement, la paresse, etc. La vérité n'est plus un critère de justice dans un pays gangrené par la corruption.

Les journées rampent, semblables les unes aux autres. Les assauts de désespoir sont fréquents. L'implacable protocole de dégradation est en vitesse de croisière. Mise à mort sociale, professionnelle, familiale. Je dois vaincre le temps pour ne pas crever. Un combat constant de l'esprit et du corps.

Certains de mes proches admirent ma force simplement à ne pas devenir fou. Mon calme apparent les déconcerte. Mais ils se trompent. Je n'ai rien d'un héros. Je ne suis pas doté d'une force hors norme. C'est juste que je n'ai pas le choix. C'est juste que mes larmes, je les planque dans mon tombeau. Je ne suis pas un homme fort, je suis un homme emmuré vivant qui suffoque inlassablement.

L'image la plus proche de ma réalité est celle d'une future mère qui pour tuer le temps apprend à tricoter.

À certains moments l'ouvrage est équilibré, les mailles sont régulières. À d'autres, elles cèdent ou sont trop lâches. Il faut alors détricoter, recommencer. Il y a des jours avec et des jours sans. Pour réussir mon ouvrage, pour tenir la folie en respect, je m'en remets à Dieu. Je médite, je prie, je m'imprègne des textes sacrés. « Celui qui me suit ne marche pas dans les ténèbres », dit le Seigneur. J'en tire ma vitalité ou plutôt la volonté de ne pas choisir de mourir.

Ma survie, je la dois aussi au petit livret que tu m'avais offert. Depuis mon premier jour d'enfermement, il ne m'a jamais quitté. Chaque soir j'y note le passage d'une nouvelle journée, chaque petit trait marque ma victoire quotidienne sur le temps. Il est ma thérapie, le témoin de mon temps en prison.

Printemps 2005. Une maigre lueur vient éclairer ma nuit. Un espoir qui a pour visage celui d'un enquêteur de l'ONG américaine Freedom House. Comme toujours, on veut organiser la rencontre au bureau du secrétaire d'État à la Défense. Comme toujours, je refuse. Comme toujours, mon obstination m'attire une brimade : privé de poignée de robinet jusqu'à nouvel ordre ! Ils peuvent bien me faire crever de soif. Je suis au-delà des mots et des maux. C'est sous ma véranda de fortune que je verrai l'émissaire de l'ONG !

Quelques jours plus tard, un homme noir américain est autorisé à m'y rejoindre. Il me parle avec respect. J'en suis surpris, tant je me suis habitué au mépris. Le simple fait de ressentir l'estime d'un inconnu me bouleverse. Il a enquêté, et selon ses sources je croupis ici uniquement pour une question d'argent. Il est venu pour valider ses informations et mesurer ma détermination à aller jusqu'au bout. « Il y a une part de martyre dans les combats nobles, me dit-il, une obligation à franchir ses limites, à dépasser ses fragilités. Si tu abandonnes, nous aurons perdu beaucoup d'énergie et d'argent. »

Je n'abandonnerai pas. Grâce à Freedom House, mes idées suicidaires sont sous contrôle.

Sous l'impulsion de l'ONG, le statut de prisonnier politique m'est enfin reconnu par le département d'État américain. C'est la première mobilisation d'une ONG depuis l'intervention du CICR cinq ans auparavant. Je suis officiellement reconnu prisonnier politique aux yeux des Américains. J'apprends à cette occasion que le département d'État américain m'avait inscrit comme prisonnier politique depuis 1999. Les investisseurs américains au sein du Copisur sont sans nul doute à l'origine de ces actions. Eux aussi ont perdu gros dans l'affaire et vont se battre pour récupérer leur part des quelque 278 milliards de francs CFA évaporés, soit près de 500 millions d'euros[5].

Cette implication des États-Unis va marquer le début d'une prise de conscience internationale et signe

5. Montant calculé dans un rapport daté du 27 décembre 2012 du délégué général à la Sûreté nationale camerounaise saisi par la présidence de la République d'une enquête sur les « enjeux financiers cachés de l'affaire Michel Thierry Atangana ».

le réveil des autres représentations diplomatiques à Yaoundé. Pourtant, l'indifférence de l'ambassadeur de France et celle du pouvoir français restent totales.

Été 2005. Le sort s'acharne. Ma sœur décède à son tour. Elle aussi s'est battue jusqu'à l'épuisement. Ma peine est insupportable. Au bord de la folie, je piétine inlassablement entre le mur et mon lit. Ils vont me tuer à petit feu, c'est un fait établi. Mais les premières victimes sont mes proches. Je n'ai pas vu mes fils depuis huit ans. Aujourd'hui, ils ont dix et quatorze ans. Le manque s'est mué en douleur. Rien ne remplacera ces années mortes à ma vie. À la leur aussi.

Comme ils m'en avaient empêché pour toi, mes bourreaux m'interdisent d'assister à l'enterrement de Marie-Noëlle.

Je respire avec peine. L'air est épais, précieux. La moiteur ambiante m'oppresse. Mon cœur est lourd, tellement lourd ; à en avoir la nausée. Et puis les larmes coulent dans le calme de mon tombeau.

Je me raccroche à l'invisible, à la force de ma foi, à mon dialogue silencieux avec la Bible ; à mes échanges avec les prêtres de passage aussi. Et je tricote le temps, maille après maille, dans le vide judiciaire et l'indifférence du monde.

Et puis se profile un autre deuil, celui de mon mariage. Tu l'aurais compris maman. D'ailleurs tu savais que ça finirait par arriver. Avec l'aide de mon ancien notaire, et avec la bénédiction de mes tortionnaires, ma seconde femme a organisé la dilapidation de tous mes biens. Je n'en savais rien et cette nouvelle trahison me donne la force d'agir. L'évidence est là : cette union n'aurait jamais dû être. Ma jeune épouse n'était pas prête au combat. Depuis sept ans, je me raccrochais aux rares moments de soutien qu'elle m'apportait. J'avais refusé de voir nos liens se distendre. Pire, je refusais l'évidence de son rapprochement avec mes adversaires. Elle n'était pas de taille à résister à leur pression, à leurs manipulations.

Ironie du sort, la présidente du tribunal du Mfoundi est celle-là même qui m'a condamné en 1997 ! Je la fixe tandis qu'elle consulte des conclusions versées au dossier de divorce en France – nous nous étions aussi mariés à la mairie de Boulogne-Billancourt – par le juge des affaires matrimoniales.

Peut-être parce qu'elle mesure les conséquences familiales du jugement qu'elle a rendu en 1997, elle me laisse entendre que l'issue de l'information judiciaire menée par le juge Magnaguémabé est déjà connue.

« S'il décide d'abandonner les poursuites, il sera contredit, le dossier rouvert et vous serez de nouveau jugé. Cette procédure est politique, vous êtes une victime collatérale. L'opinion publique n'a pas vraiment compris la première sanction. Le pouvoir veut vous condamner avec l'adhésion du peuple », me confie-t-elle en substance.

En conclusion, si le juge ne me condamne pas, je serai condamné quand même! Ironie du sort, grâce à mon divorce j'ai levé un nouveau coin du voile. Si elle dit vrai, je ne sortirai jamais vivant du Fourgon.

Je suis français! Je suis français! Je suis français! Je gueule dans mon tombeau, personne ne m'entend. Et tu n'es plus là pour m'apporter mes repas, tu n'es plus là pour me réconforter, tu n'es plus là pour nous imaginer un avenir. Plongé dans une obscurité totale depuis bientôt quinze heures – une nouvelle coupure d'électricité –, je ne manifeste plus rien. Mon corps est figé, mon esprit s'est absenté. Besoin d'accuser le coup. Je dois tenir, tenir, m'accrocher à l'amour de mes proches, aux paroles des prêtres. Chaque lien, chaque prière est un filet de lumière qui m'empêche de glisser dans les ténèbres. Un filet sur le point de rompre.

Mes recours sont épuisés. Ma seule chance réside désormais dans l'implication des ONG. Il faudrait qu'Amnesty International s'intéresse à mon cas. Il faudrait que la France daigne me compter au nombre de ses ressortissants emprisonnés à l'étranger. Je suis français depuis 1988, j'ai renoncé à ma nationalité camerounaise, et pourtant la France agit toujours et encore comme si je n'existais pas. Je ne représente pas grand-chose au regard des nombreux intérêts qu'elle veut préserver au Cameroun (pétrole, aluminium, aides au développement, accords stratégiques sur la défense, etc.). Je suis un grain de sable que le « rouleau compresseur » a pour mission de pulvériser. La relation privilégiée qui unit le Cameroun de Paul Biya à l'État français est la priorité. Non-ingérence, voilà le prétexte invoqué par la France. Une non-ingérence qui ne s'applique pas de la même manière à tous les cas. Nous sommes en 2007. J'apprends à travers mon poste radio que Sarkozy a remué ciel et terre pour la libération du médecin et des cinq infirmières bulgares condamnés en Libye en 1999. Mon incompréhension est à son comble. La non-ingérence dans mon cas, c'est l'indifférence totale.

« Si tu étais un vrai Français, ils seraient venus! Tu es un moustique! » raillent les gendarmes en me rudoyant de plus belle.

Si la couleur de ma peau avait été blanche, la France m'aurait-elle abandonné?

Tant de questionnements tournent dans ma tête. Mon affaire paraît-elle trop « sale » aux yeux des fonctionnaires français? La corruption détournerait jusqu'à 40 % des dépenses de l'État. Il est facile pour la France de considérer de loin que je me suis fait prendre dans l'engrenage. Et commode de prétendre que cette affaire ne regarde que la justice camerounaise. Je mesure l'hypocrisie de l'ancien colonisateur, qui a mis en place une indépendance sous tutelle et un système de collusions et de complaisance au nom d'intérêts financiers supérieurs. Oui, j'ai le temps de penser au comportement de la France, le temps de mesurer la lâcheté d'un État face aux crises d'autorité de Paul Biya. Je ne vaux pas un contrat commercial.

Oui, je suis en colère contre mon pays, et pourtant je l'aime. La France m'a construit. La France m'a soigné. Au Cameroun, je serais mort à dix-sept ans, au mieux resté paralysé. La France m'a permis de faire de belles études supérieures. Au Cameroun, je n'aurais jamais pu espérer obtenir un diplôme de troisième cycle. Puis la France m'a envoyé au front, à Yaoundé. Pour m'y oublier.

Depuis 2006, le président Biya, soucieux d'améliorer son image à l'international, a pris de nouvelles mesures « anticorruption ». Avec son Premier ministre Ephraïm Inoni[6], ils ont mis en place une campagne judiciaire connue sous le nom d'« opération Épervier ». Une action de l'État décidée sous la pression des bailleurs de fonds internationaux et de différentes ONG qui considèrent la corruption comme la principale entrave aux investissements étrangers.

D'anciens ministres et dirigeants d'entreprises publiques sont condamnés à de lourdes peines. Leurs procès, largement relayés par la presse nationale, renforcent l'illusion d'une justice libre. S'il est difficile de ne pas y voir aussi un moyen d'écarter des rivaux, l'opération est une réussite sur le plan de la communication. L'État peut désormais se targuer de lutter contre la corruption.

6. Il sera arrêté en 2012 dans le cadre de cette même opération Épervier.

Parmi les acteurs judiciaires notables de cette opération d'« assainissement public » figure justement le célèbre juge d'instruction Pascal Magnaguemabé, nommé par le garde des Sceaux Amadou Ali pour mener à terme mon information judiciaire ouverte en 1997. Difficile, malgré les condamnations prononcées contre d'anciens fonctionnaires corrompus, de penser que son enquête sera objective. Magnaguemabé n'ira pas contre la volonté du ministre à qui il doit sa place. D'autre part, une réforme de la justice vient de mettre fin à une aberration : jusque-là, au Cameroun, le juge d'instruction et le procureur étaient une seule et même personne et donc juge et partie. Le magistrat était ainsi en position idéale pour recevoir les ordres du ministère de la Justice. Désormais, le juge d'instruction sera un magistrat du siège. Il devrait donc pouvoir agir conformément à la justice et non suivant un agenda politique dicté par des fonctionnaires de l'exécutif.

C'est dans ce nouveau contexte que je suis conduit au bureau du juge. Comme à l'habitude, je suis sous l'étroite surveillance d'une armada de gendarmes entassés, mitraillettes en bandoulière, au fond du petit bureau. Cette fois, des avocats bénévoles m'assistent. Le juge Magnaguemabé pose devant moi une épaisse liasse de documents. Le fameux rapport de l'inspecteur d'État Luc-Paul Njock, mandaté un an auparavant par le garde des Sceaux, qui sert de base à l'accusation. Une « expertise » qui constitue le seul élément notable en dix années d'enquête. Mes avocats proposent un report, le temps d'étudier le dossier. Je m'y oppose. Je sais que cette expertise est une fumisterie. Je n'aurai aucun mal à le démontrer. Mes avocats insistent; je ne cède pas. Deux d'entre eux claquent la porte.

Le juge et moi passerons de longues heures dans le sombre bureau où un vieux ventilateur brasse un air tiède pour rien. Lui a été briefé sur ma dangerosité, moi sur sa sévérité. Pourtant, au fil des entrevues, les charges de détournement vont considérablement diminuer. Au point que le 23 octobre 2008 l'homme rend une ordonnance de non-lieu partiel selon laquelle seul Titus Edzoa reste sous le coup de poursuites. L'ordonnance prévoit l'arrêt des poursuites, la levée du mandat de dépôt du 3 juillet 1997, ainsi que la mainlevée sur mes comptes bancaires. Une décision choc pour le pouvoir.

Libre, je serai bientôt libre! Après onze années de procédures et d'enquêtes grotesques. Tu vois maman, la justice des hommes a triomphé des faiblesses des États! Le soulagement est absolu, me coupe les jambes, le souffle. Je remercie Dieu, ma famille, mes soutiens. La liberté est là. À quelques jours de moi. J'aurais tant voulu que tu sois là. Hâte de sortir pour me recueillir sur ta tombe. Enfin!

La décision du juge est un séisme pour le pouvoir. Personne n'imaginait une telle issue. Cet homme pourtant tant redouté, surnommé par certains détenus

« la Terreur », a pris de gros risques pour rendre une vraie justice. L'ordonnance de non-lieu qu'il a rendue en ma faveur est peut-être à l'origine de son actuelle déchéance.

Mais au fil des jours mon enthousiasme s'émousse. Rien ne bouge, ma porte reste close. Ma libération traîne. L'inquiétude grimpe. Mes proches déposent une copie de l'ordonnance de non-lieu à l'ambassade de France. Cette fois encore, aucune réaction. Jour après jour, j'attends, j'espère. J'ai appris à vaincre l'impatience, à mater le temps. Mais là, je n'y parviens plus. Tous les mandats d'accusation sont levés. Les diplomates américains sont sidérés, la station RFI prend fait et cause pour moi. « Ce n'est pas la justice ! », « C'est une souillure pour la justice camerounaise », dénoncent mes soutiens. Rien n'y fait. La levée d'écrou ne viendra jamais.

3 février 2009. Le couperet tombe : la chambre de contrôle de l'instruction de la cour d'appel du Centre invalide, sur appel du ministère public, la décision et fait appel[7].

Selon mes avocats, le code n'a pas été respecté : la chambre de l'instruction, censée statuer dans les trente jours suivant la réception de la requête d'appel, n'a

7. Juridiquement, l'appel est fondé sur le nouveau Code de procédure pénale entré en vigueur en 2007, le même qui a séparé le juge et le procureur. Celui-ci prévoit des recours contre les actes du juge d'instruction.

tranché que le 3 février. D'autre part, si le code prévoit que la chambre peut ordonner un supplément d'information si nécessaire, dans le cas de cet appel, rien ne démontre que des éléments aient échappé au juge.

Je soupçonne la chambre de contrôle d'avoir agi sous les ordres du garde des Sceaux, Amadou Ali[8].

Dans l'enquête menée par le juge, les manquements sont flagrants : Amadou Ali n'a pas été entendu, et Luc Loe, directeur général à la Sûreté nationale en 1997, ainsi que Mvondo Evezo'o, alors procureur général et juge d'instruction du TGI de Yaoundé, censés assurer la conservation des scellés disparus, n'ont pas davantage été interrogés. À croire que, malgré sa volonté de rendre une vraie justice, le juge a dû freiner l'implication de certains, dont celle du ministre de la Justice. Il est plus que jamais certain que cette affaire est politique. Les avertissements de la juge tournent dans ma tête. Ma voie est sans issue.

À l'annonce de ce nouveau cataclysme, je reste sans réaction. Assis sous ma misérable véranda, je prie, les yeux tournés vers le ciel. Pas envie de profiter de mon « bain de soleil » jusqu'au bout du temps accordé par mes geôliers. Je demande à être ramené dans mon tombeau. Pour cesser de de respirer.

---

8. Amadou Ali comptait parmi les instigateurs de l'affaire en 1997, alors qu'il était secrétaire général de la Présidence – succédant ainsi à Titus Edzoa – et tout à la fois secrétaire d'État à la Défense.

6

Un jour je verrai la nuit s'abandonner au jour

27 octobre 2009. Dès l'ouverture de mon second procès, le « rouleau compresseur » passe à la vitesse supérieure. Au procès express succède une parodie riche en suspensions et délais invraisemblables entre audiences, absences, remplacement d'« acteurs », arrêts maladie, voire décès de circonstance. Le ton est donné. Le tribunal de grande instance du Mfoundi sera le théâtre de ma lente mise à mort.

Cette fois, deux nouveaux accusés sont identifiés, en plus de Titus Edzoa et moi : Isaac Njiemoun, directeur général de la Caisse autonome d'amortissement au moment des « faits » puis ministre des Postes et Télécommunications (de 1999 à 2001), et Dieudonné Mapouna, l'ancien secrétaire particulier de Titus Edzoa. Ces derniers comparaissent libres. Cités comme témoins au procès express de 1997, ils nous avaient porté coup après coup, certainement en vertu d'un accord semblable à celui que l'on m'avait proposé de signer à mon arrestation.

La médiatisation du dossier m'assure désormais l'appui de quatre avocats. Les chefs d'accusation sont divers : Edzoa, Njiemoun et moi sommes accusés de détournement de deniers publics pour un montant de 1 376 099 543 francs CFA; Edzoa, de détournement de six véhicules; Edzoa et moi, de tentative de détournement de deniers publics d'un montant de 59 400 000 000 de francs CFA et Edzoa, Mapouna et moi de trafic d'influence.

Il m'aura fallu patienter douze années avant qu'il me soit donné la possibilité de prouver mon innocence. Je suis prêt au combat. Ce nouveau procès ne va pas aller sans heurts, mais ma défense est solide. Je ne suis plus seul face à l'accusation. Et j'ai appris la patience.

Mois après mois, je suis tiré de ma cellule et bousculé jusqu'au tribunal pour entendre que l'audience est reportée. Dès avril 2010, avant même le début des témoignages, la présidente du tribunal se met en arrêt maladie. Elle refuserait de présider ce procès : une menace pour sa carrière! Un an, c'est le temps qu'il faudra pour composer la collégialité, réaliser les observations préliminaires et établir la liste des témoins.

C'est dans cette période erratique et morne que mes geôliers m'annoncent la visite d'une de tes amies. Je m'en étonne, mais dans ma solitude chaque visite que m'octroient mes gardiens est un cadeau. Une femme à la silhouette massive franchit le seuil d'une démarche vacillante. Je ne la connais pas. Sa tête est couverte d'un foulard jaune en wax, son corps disparaît sous un large boubou bleu. En silence, sans lever les yeux, elle s'empresse de s'asseoir dans l'angle mort de l'étroite véranda, là où le gendarme posté à l'entrée ne peut la voir.

« Ne manifestez rien. Je suis Pius Njawé. Je suis venu pour entendre la vérité. »

Pius Njawé est un journaliste réputé, fondateur du *Messager*, le premier journal indépendant du Cameroun. Étonné que le pouvoir lui offre spontanément des documents à charge, il veut se faire sa propre opinion sur l'affaire Atangana. Surprise et émotion sont à leur comble. Je m'efforce de lui résumer plus de dix années de torture judiciaire. L'espoir est une formidable adrénaline qui me galvanise ! Nous risquons à tout instant d'être interrompus, mais l'homme semble habitué à exercer son métier sous pression. Au moment de son départ, je lui suggère de se rendre à l'ambassade des États-Unis. Pius promet de revenir. Vite.

Trois semaines plus tard, on m'annonce la visite d'un comptable. L'avantage d'être emprisonné au SED est qu'il n'y a pas de réglementation liée aux visites : elles s'effectuent au bon vouloir des gardes. Cette fois, le journaliste est vêtu d'un costume gris à la coupe incertaine. Il porte d'épaisses lunettes en écaille, sa chevelure est dense. Tout en réajustant sa perruque, Pius pose sa grosse main sur ma cuisse. « Tu es mon camarade », me glisse-t-il avec un sourire entendu.

Ce soir-là, lorsque je rejoins mon tombeau, je suis gonflé d'un fol espoir. Je ne mourrai pas sous terre. J'en ai la certitude. Je songe encore et encore aux paroles du journaliste, à cette rencontre incroyable. Le vent d'espérance qu'il a soulevé dans mon cœur va m'aider à surmonter Noël, la pire période de l'année pour moi.

Chaque fin d'année est un calvaire absolu, car la frénésie et la nervosité des militaires y sont intenses. Dès le 20 décembre, ils n'ont qu'une obsession : décrocher un galon. Alors, en prévision de la traditionnelle cérémonie de remise du 1er janvier, ils passent leur temps à astiquer leurs armes, à s'épier et à se dénigrer sous couvert d'une fraternité hypocrite. Une fois le Graal décroché, ils iront de fête en fête arroser le galon. Quant aux « perdants », il vaut mieux ne pas les croiser. Et cela dure jusqu'au 10 janvier.

Je me prépare mentalement à cette période où je vais rester en cellule de manière quasi permanente. Des semaines où j'ai intérêt à me faire oublier. Pour survivre aux fêtes, deux impératifs : ne pas énerver les militaires et faire des réserves de nourriture. Au camp militaire, un prisonnier aguerri doit savoir constituer des réserves – car à tout moment le système peut changer – et s'assurer de disposer de deux sacs en plastique : le premier pour empêcher les souris d'atteindre les aliments stockés et le second pour se garantir de ne pas y trouver au réveil des dizaines de fourmis.

Dans ces périodes maudites, ma solitude est abyssale. L'absence de toute interaction humaine est un abîme. Je songe aux cellules du camp de Dachau, à leurs minuscules lucarnes. Souvent je me lève sur mon lit pour attraper des lambeaux de bruit, ces misérables bribes de vie du dehors. Les éclats de voix des militaires qui ont trop bu, les hurlements de tristesse de ceux qui n'ont pas eu leur galon. Même si j'y suis étranger, même si aucune interaction n'est possible, entendre la vie me préserve de la folie.

Tu m'as dit d'être fort maman, ce soir je le suis. Et je le serai quoi qu'ils disent, quoi qu'ils fassent pour m'abattre. Je songe à cette phrase de Paulo Coelho dans *L'Alchimiste* : « L'heure la plus sombre est celle qui vient juste avant le lever du soleil. » Un matin je tournerai les yeux vers le ciel et le jour se lèvera. Pourquoi n'ai-je jamais pris le temps de regarder ce court moment où la nuit s'efface pour faire place à la lumière du jour ?

Dans les semaines qui suivent, la machine de communication Pius Njawé se met en branle. Il crée le premier comité de soutien à ma cause, publie deux fois par semaine une chronique du procès – des articles qui vont grandement contribuer à réveiller la société camerounaise –, et en juin 2010 il donne une conférence de presse au Centre d'accueil de la presse étrangère de

Radio France à Paris. Grâce à ses actions, la salle du procès est désormais toujours comble. La France va bientôt devoir se souvenir de moi !

Hélas, ce sera son dernier combat. Ce journaliste militant pour les droits de l'homme, interpellé plus de cent vingt fois au long de sa carrière, perd la vie en juillet de la même année dans un accident de la circulation. Aux États-Unis, pour un meeting des forces de l'opposition camerounaise, il préparait l'alternance au sommet du pays en 2011. Pius Njawé m'a montré l'horizon au-delà des murs. L'annonce de sa mort m'attriste durablement.

Un autre journaliste du *Messager*, le pasteur Robert Ngono Ebodé, prend le relais au comité de soutien. Lui aussi décédera huit mois plus tard. C'est alors que je reçois une visite inattendue. Siméon Tagako est infirmier ; sa fille, Brigitte Fotso, notaire, vient de prendre la tête de mon comité de soutien. Notre conversation est de ces moments de vie dont on n'oublie rien.

« Ce pays a besoin d'hommes tels que vous. Si vous avez le courage d'aller jusqu'au bout, me dit-il, je lui donnerai ma bénédiction. Alors elle vous défendra et vous ne la paierez pas. »

Je promets. Une promesse qui m'évite encore de céder à la tentation du suicide. Sous l'impulsion de Brigitte, une nouvelle équipe se forme qui œuvre sans relâche pour informer les diplomates et les médias. À chaque future audience, Siméon me fera savoir par sa fille qu'il est là par l'esprit, à mes côtés.

*

Cette femme est comme un ange tombé du ciel. Un ange que tu m'aurais envoyé de là-haut. Je suis fort maman. Grâce à toi, grâce à elle. Entre mon arrestation et ta mort, je n'avais pu te parler qu'à quatre reprises. Je te voyais et ils m'empêchaient de t'approcher. Tu me déposais mon plat préféré, des légumes cuisinés avec des feuilles de manioc pilées et du macabo. Ta cuisine avait le goût de l'amour et la saveur magique de la liberté.

Ils savaient comme je tenais à toi ; ils savaient que tu étais ma faiblesse. Mais ils ignorent que tu restes ma force.

*

Le 30 septembre 2010 marque le début effectif du procès. J'aurai attendu une année, même deux années depuis l'ordonnance de non-lieu. Cela fait deux ans que je devrais être libre.

Je suis plein d'espoir et de combativité à la perspective d'entendre l'« expert » Luc-Paul Njock. D'après Ndanga, le procureur, l'audition de ce seul témoin va suffire à l'accusation pour bâtir sa thèse. La salle d'audience est bondée. L'homme revient sur son expertise rendue en 2004. Il établit que le Copisur a été financé par le groupe Jean Lefebvre, par la taxe sur les produits pétroliers, un prêt de la BCCI et divers dons. Il se borne à contester la légalité du reversement de la taxe sur les produits pétroliers (TSPP).

Dans l'intervalle, un nouvel ambassadeur de France a été nommé à Yaoundé. Aussitôt arrivé en poste, Bruno Gain a vent du procès, et il ne tarde pas à se faire une juste idée des enjeux. Il n'a pas besoin de visiter ma cellule pour prendre la mesure de ma situation. De toute façon, il n'y aurait pas été autorisé. Ahuri à la découverte de la réalité du dossier, l'homme va briser douze années d'un silence complice. Douze années durant lesquelles un Français n'aura bénéficié d'aucune protection consulaire.

7 octobre 2010. Je reçois la première visite consulaire d'une responsable de l'ambassade. Un acte qui signe le rétablissement de l'assistance de la France et qui m'assure un traitement moins agressif de la part des gendarmes.

Cette fois encore, l'entrevue se tient sous la véranda. Aucune visite à ma cellule n'est autorisée. Une rencontre brève, froide, formelle. Un peu gênée, la fonctionnaire d'État m'expose les critères limités de la protection consulaire et conclut d'une phrase d'une crédulité insensée : « Soyez heureux d'être au SED, vous y êtes bien mieux qu'à la prison centrale. »

Il est minuit. Hurlements, cris, râles traversent les murs, déchirent les ténèbres. Un homme en salle d'interrogatoire agonise. Si je meurs, qui aura le courage de venir chercher mon corps ici ? Je ne veux pas être jeté à la fosse commune. Pour tromper l'angoisse, j'écoute en boucle sur mon radiocassette *Fernand*, de Jacques Brel.

« Dire que Fernand est mort
Dire qu'il est mort Fernand
Dire que je suis seul derrière
Dire qu'il est seul devant
[...]
J't'inventerai une famille
Juste pour ton enterrement,
Et puis si j'étais l'bon Dieu
Je crois que je serais pas fier
Je sais on fait ce qu'on peut
Mais y a la manière »

Quand je mourrai, je veux être comme Fernand : qu'un ami vienne me chercher. Maman, je veux être enterré à tes côtés.

La nuit s'étire. Les hurlements ont cessé d'un coup. L'homme est sûrement mort. Je songe à mon fils Éric. Lui aussi a voulu agir. Comme toi maman. La France l'a rejeté. Mon cœur se serre à imaginer ce jeune adolescent grimper les marches du Quai d'Orsay pour tenter de secouer l'inertie du ministère des Affaires étrangères. « Ton père, on ne l'a pas perdu, il est juste sorti des radars ! » lui a-t-on expliqué en substance. Comme si mon absence était volontaire.

Désormais, je suis de retour sur les radars ! Ministres, sénateurs et députés français commencent à s'impliquer dans le dossier. Un soutien qui attire l'attention de la presse camerounaise et bientôt de la presse française.

Alors que la défense procède au contre-interrogatoire de l'expert Njock, mon affaire a pris de l'ampleur. Très vite, il ressort qu'il a manqué des pièces déterminantes encadrant le financement du Copisur. Tout reposait sur la signature de conventions, validées par la présidence, entre l'État et les sociétés partenaires. Au fil des débats, il apparaît que l'expert n'a jamais été à même de mener son enquête. Il n'a pas eu accès à la comptabilité du Copisur ni à aucun scellé et n'a pas davantage été autorisé à me rencontrer. L'expert achève de défaire le travail de l'accusation. Très opportunément, l'homme est alors hospitalisé pour trois mois et l'audience reportée au début de l'année suivante !

À la réouverture du procès, en janvier 2011, l'un de mes avocats fait verser au dossier la lettre de constitution de maître Gilbert Collard, avocat au barreau de Marseille, probablement approché par l'une des sociétés impliquées dans le Copisur. Malgré tous ses recours et tentatives, maître Collard ne sera jamais autorisé à venir me défendre. Les autorités ont senti que le vent pouvait tourner avec la présence d'un avocat de renom. Mais cette époque est aussi celle où maître Collard se mêle des affaires du Front national, et je refuse que mon nom lui soit associé, même indirectement. C'est la seule fois dans ce procès où les intérêts du pouvoir et les miens convergeront !

Puis c'est au tour de Peter Akumchi Awa (receveur des finances de Douala en 1994 et trésorier-payeur général en 1995) d'être auditionné. Il confirme que le prélèvement de la taxe sur les produits pétroliers s'est fait suivant des conventions établies entre l'État et les entreprises. Et aussi de Camille Pokossy (à l'époque membre du Comité et représentant du ministère des Travaux publics). L'homme plaisante, prétend qu'il a passé son temps à se demander ce qu'il devait faire au Copisur ! Il finira par admettre que, n'ayant pas été membre du Comité plus de quatre mois, il ne peut affirmer que ce dernier n'ait pas tenté de remplir sa mission. Sur ce, le ministère public clôt le volet Copisur, sans même m'interroger !

Les débats se portent alors sur la préparation du sommet de l'Organisation de l'unité africaine (OUA). Le premier témoin, Gilles-Roger Belinga (ancien directeur général de la Société immobilière du Cameroun, incarcéré au SED depuis 2006), atteste que les fonds demandés par le comité d'organisation n'ont jamais transité par le Copisur, comme évoqué un temps par Titus Edzoa. Concernant ce qui aurait pu être mon implication dans l'affaire, les choses s'arrêtent là. Mais aux yeux du procureur, la tentative de détournement de fonds publics est caractérisée et repose sur cette collaboration entre comités envisagée par Edzoa. En effet, pour accueillir l'OUA, il fallait construire des routes, quelques infrastructures, mission à laquelle le Copisur aurait pu apporter son aide.

Le 17 février 2011, le ministère public annonce le décès de Njock. L'expert s'est éteint à son tour bien à propos. Jamais ce personnage clé de l'affaire ne livrera son témoignage complet. Belle aubaine pour le procureur. Après une minute de silence vite expédiée, un avocat s'interroge sur la place à accorder au témoignage de Njock, dans la mesure où la défense n'a jamais pu lui poser de questions.

« Nous nous contenterons des pièces acquises au dossier ! » tranche sans vergogne la présidente du tribunal.

Suivent divers témoignages expéditifs, puis le ministère public décide d'auditionner Dieudonné Mapouna. Objectif : tenter de démontrer l'infraction de trafic d'influence, dans l'affaire de l'extension de la Société nationale de raffinerie (Sonara). Le revoir est un choc. Il était mon ami et avait même souhaité donner mon prénom à son fils.

Après avoir décrit ses fonctions passées auprès de Titus Edzoa, il expliquera avoir reçu trois mois durant des indemnités du Comité sans y avoir jamais travaillé. L'homme reste vague sur l'origine des fonds qui lui ont permis d'acquérir sa villa, évoquant une « multitude d'activités » et des « frais de mission ». Il dédouane cependant Edzoa, expliquant que celui-ci ne lui a jamais versé d'argent supposément issu du projet d'extension de la Sonara, contrairement à ce qu'il avait déclaré en 1997 et 2008. Pour justifier ses précédents mensonges, il explique avoir craint de se retrouver lui aussi en prison.

Je fixe les gros cafards noirs et luisants galopant sur les murs glacés. Épuisé par l'audience, atterré par les mensonges de celui que j'avais considéré comme un frère. Pourquoi m'avoir trahi ? Un cafard chute sur mon lit. Je le regarde sans le voir, sans réagir.

Le Psalmiste écrit : « Tu n'es pas un Dieu ami du mal, chez toi, le méchant n'est pas reçu. Non, l'insensé ne tient pas devant ton regard. Tu détestes tous les malfaisants, tu extermines les menteurs ; l'homme de ruse et de sang, le Seigneur le hait. »

Mais comment rendre le bien pour le mal ? Je n'y parviens pas. La liste des délires de Mapouna est sans fin. Il a raconté que j'avais pour ambition de prendre le pouvoir, de tuer le président, que j'étais membre de l'ordre secret de la Rose-Croix, et tant d'autres délires. Je suis dans une confusion totale. Les seules réponses, je les trouve dans les Psaumes : « Évite le mal, fais ce qui est bien, poursuis la paix, recherche-la. [...] Le mal tuera les méchants ; ils seront châtiés d'avoir haï la justice. »

C'est ainsi que je me guide, encore et toujours, par la lecture des textes et la méditation. Les juges et le procureur retrouvent leurs familles après avoir décidé de la prochaine audience. Rendez-vous au retour des vacances !

Moi je reste dans mon tombeau cerné de cafards qui courent en rond. Et je ressasse; je ressasse jusqu'à la démence les mots que je prononcerai le jour où on me laissera enfin prendre la parole.

7

Vingt années supplémentaires

6 mai 2011 : parole à la défense. J'attends ce jour depuis quatorze interminables années.

Titus Edzoa plaide le premier. Il s'exprime avec sophistication, maîtrise, obséquiosité. L'audience porte sur son implication dans le détournement de deniers publics du Copisur. L'homme ne cherche pas à me charger. En préambule, il se fait fort de dire qu'il est rejugé ici pour une même affaire. C'est bon à entendre. Le plus important à mes yeux est qu'il atteste l'existence effective du Comité. Au cours de son long témoignage, il nie avoir ordonné un transfert de 500 000 000 francs CFA dans une banque suisse au profit de la société Dumez, d'ailleurs il n'aurait pas pu, n'ayant pas le pouvoir de gestion en la matière. Nos défenses concordent.

Il me faudra patienter trois semaines pour être entendu à mon tour. Trois semaines à survivre dans la pénombre, à prier, à piétiner, à ressasser.

Quand le jour tant attendu arrive, je ne souhaite rien d'autre que donner le détail des activités du Copisur. Pour autant, je ne peux m'empêcher de démarrer mon témoignage par une question qui me semble cruciale. Sûrement aussi parce que j'ai un besoin viscéral de les confronter à leur stupidité !

– À la lecture de l'arrêt de renvoi devant ce tribunal, il ressort que la requête d'appel du parquet sur l'ordonnance de non-lieu partiel et de renvoi rendue le 23 octobre 2008 est datée du 3 avril 2008. Comment une requête d'appel peut-elle être rédigée avant le rendu de l'ordonnance visée ?

Pour moi, il s'agit de présomption de culpabilité. Le tribunal botte en touche.

– Les questions préalables ont été traitées entre octobre 2009 et mars 2010.

J'insiste. Ma voix est posée, forte, calme.

– S'agit-il d'une exception de procédure ?

L'un de mes avocats intervient pour éviter que nous ne nous enferrions dans un débat qui reporterait une nouvelle fois l'audience. Je prends sur moi. Le public et les chroniqueurs judiciaires présents ont compris la supercherie. C'est le principal.

À la demande du tribunal, je rappelle le contexte dans lequel a été créé le Comité. Je reviens sur les promesses de campagne de Paul Biya en matière d'infrastructures routières. Puis mes avocats remettent une liasse de documents au tribunal, qui se précipite sur l'aubaine pour demander leur « repagination ».

Nouvelle suspension ! Nous reprendrons le 31 mai. Les reports ne me déstabilisent plus. Je les ai intégrés comme une réalité incompressible !

Ce matin-là, comme pour chaque audience, mon escorte de gendarmes me mène dès l'aube au tribunal de grande instance du Mfoundi. J'y reste assis de longues heures à attendre l'ouverture de la séance. À treize heures, un nouveau round démarre. Le show fait salle comble. Des dizaines de militaires en armes, des journalistes, des diplomates. Le procureur a invité un grand nombre de juristes. Il leur a promis qu'il allait « me démonter », me dit-on. Je suis la misérable vedette du jour. Personne ici n'imagine le vertige que représente ce passage de l'ombre à la lumière, de la solitude à la foule, du silence au vacarme. Sans parler de mon appréhension de l'espace, totalement atrophiée à force de buter sur des murs.

Je m'avance face à la présidente du tribunal et à ses assesseurs. La détestation que me voue le procureur Ndanga est palpable. Je serre mon chapelet entre mes doigts et je pense à toi maman. Ton énergie invisible me porte. Quinze années de silence, d'oppression, étouffé, bâillonné, interdit de parole. Je dois maîtriser ma rage, être efficace, clair. Je me lance, je surgis de l'ombre. Les premiers mots sortent avec peine, puis je deviens intarissable.

– L'économie du Cameroun est essentiellement agricole. En 1986, la chute des prix du cacao a créé une détérioration des termes de l'échange qui a entraîné le Cameroun dans une forte récession.

Le procureur m'interrompt. Il me somme d'en arriver aux faits, de préciser un certain nombre d'aspects du financement du Comité sans digresser.

Il ne pourra pas me déstabiliser ! Ce jour est le mien !

« Bientôt tu seras dehors mon fils ! » Ta voix me galvanise. Je dois être compris, convaincre. La vérité va être dite et entendue !

J'explique comment s'articulait le partenariat entre l'État et les partenaires. La TSPP (taxe spéciale sur les produits pétroliers) ne représentait que 15 % du budget sur cinq années. Chacune des treize sociétés partenaires avait signé une convention avec le Comité, des pièces par ailleurs saisies en 1997 lors de la perquisition de mon bureau et auxquelles feu l'expert Njock n'avait pas pu avoir accès. Je demande que le parquet les produise.

– C'est impossible, me lance le tribunal.

Bien sûr que c'est impossible ! La digue lâche, plus rien ne peut m'interdire de crier la vérité.

– Je n'ai pas imaginé un instant que vous produiriez ces pièces. Elles sont sûrement parties en fumée depuis des années !

Pour moi, la légalité et la régularité du mode de financement du Comité ne font aucun doute, puisque le Code général des impôts mentionne que la taxe sur les produits pétroliers (TSPP), créée par la loi de finances de l'année 1984-1985, l'a été à l'usage de la route. Le ministre de l'Économie et des Finances m'a reçu à plusieurs reprises, avec les pétroliers, pour étudier le financement du projet. Dieudonné Ambassa Zang, vice-président du Comité, a fait circuler des informations mensongères, en affirmant au ministre que le Copisur était financé en totalité par la TSPP. Il l'a fait pour m'évincer, et depuis je suis emprisonné au prétexte que j'aurais été nommé à la tête du Comité par Edzoa. Je rappelle, à toutes fins utiles, que ce dernier n'a pris ses fonctions de secrétaire général qu'après la création du Comité. Je m'emporte. C'est plus fort que moi. En réalité je m'en fiche ! Pour une fois, ils doivent m'écouter ! Mieux vaut ne pas traîner ! Ils sont capables d'interrompre la séance. Un malaise opportun, une pièce du dossier à photocopier. Que vont-ils inventer ? Ma rage est absolue. Impossible de m'en tenir aux faits. Mais je n'insulte personne, et si les attaques que je porte contre Dieudonné Ambassa Zang ne sont pas faciles à étayer, si, pour la cause réelle que je donne à mon incarcération, je ne dispose pas de preuve, tous ici savent le fond de l'affaire : cet homme qui incarnait la présidence au sein du Comité avait dès le premier jour décidé de miner le projet.

À ma sortie de la salle, mon regard se porte vers l'assistance. Je ressens une certaine fierté. Comme si parler m'avait rendu ma dignité. Je ne suis plus une misérable victime. La bienveillance des diplomates et des journalistes est prégnante. Je la lis sur les visages. Le boxeur s'est relevé ; il a rendu coup pour coup. Quant aux gendarmes, ils ont hâte de me ramener dans mon tombeau pour rejoindre leurs familles. Les audiences ne reprendront qu'un mois et demi plus tard.

Le 15 juillet 2011, Alain Juppé, alors ministre des Affaires étrangères et européennes, écrit à Jack Lang, député du Pas-de-Calais : « Les agents du ministère veillent, notamment, dans la limite de leurs compétences, à ce que Michel Atangana puisse bénéficier de la pleine et entière protection consulaire telle que définie par les dispositions de la convention consulaire bilatérale du 21 février 1974. [...] En outre, une action diplomatique est résolument maintenue, notamment de la part de l'ambassadeur de France, M. Bruno Gain, qui est très investi sur ce dossier [...]. »

Des relais souterrains se mettent réellement en place. Et même si nous sommes en plein procès et que la France ne peut en contrarier le cours, il est désormais établi qu'elle en suit le déroulement.

À l'audience suivante, je raconte le fonctionnement effectif du Comité pour prouver que son activité était réelle. De la direction aux chauffeurs, la structure employait une cinquantaine de personnes. Au moment de sa dissolution, la première phase des missions était terminée et tous les accords de financement conclus.

Et puis interviennent de nouveaux reports d'audience qui minent mon énergie. Je suis comme un boxeur qui se serait entraîné de longs mois en prévision du combat ultime. Un boxeur qui sait qu'il va devoir affronter son plus redoutable adversaire. Pour espérer gagner, il a décrypté sa technique, étudié dans les moindres détails sa stratégie. Il sait les coups à esquiver, ceux à porter. Et tandis qu'il entre dans l'arène, que sa concentration est extrême, on lui annonce le report du match. Il doit alors faire preuve d'une détermination sans faille pour conserver la même forme physique, le même mental. Les bénéfices de la première préparation ne seront pas nécessairement disponibles pour le nouveau match. C'est exactement ce qu'on essaie de m'infliger. Me décourager, émousser mes forces, perturber ma précision.

Le plus important ce jour-là concerne l'opposition supposée du ministère de l'Économie et des Finances. Je mets ses responsables au défi de me montrer une seule pièce qui prouve son opposition aux dispositions du Copisur.

Le procureur jubile ! Il semblait attendre ce moment : « Eh bien, je n'ai pas une pièce, mais huit pièces ! »

Il n'a rien, parce qu'il n'y a rien. Contre l'avis de mes avocats j'insiste pour les lire sur-le-champ et y répondre. Personne ne va interrompre le combat cette fois ! Ni l'arbitre ni mes avocats. Mes coups, mes mots peuvent m'assurer la victoire. Je sais que je peux mettre l'adversaire KO, plier l'accusation, démolir ces pièces. Je suis prêt à en découdre, sûr de mes forces. La salle d'audience s'agite, s'étonne. La présidente me demande de ne pas semer le trouble, d'accepter la proposition de renvoi faite par mes avocats. Hors de question ! Qu'ils se retirent s'ils ne veulent plus soutenir ma cause !

Une à une, je démonte chacune des huit pièces. Méticuleusement. Je cogne sans relâche, sûr de mes coups. Tandis que je parle, je sens la salle qui s'échauffe. Le public et la presse commencent à comprendre l'inanité de ce procès. Ce grand déballage que je n'ai pas voulu, mais auquel je suis contraint de me livrer pour me défendre. La salle est tout entière debout, elle m'approuve. Des applaudissements explosent, le procureur se fait huer, tente de reprendre la main.

« Monsieur Atangana, le ministre des Finances était-il pour ou contre le mécanisme de financement mis en place au sein du Comité ? »

D'une voix assurée je lui rappelle avoir déjà répondu à cette question.

Le procureur tourne en rond, se fait siffler de plus belle, obligeant la présidente à réclamer le calme sous la menace de suspendre l'audience.

Après la mort de l'expert, après le démantèlement des éléments du procureur, pourquoi poursuivre ce procès ? On s'achemine inexorablement vers une décision administrative, prise par des hommes utilisant la force pour me contraindre au silence.

Le procureur Christian Ndanga a son propre agenda. Il se sent investi de la toute-puissance de l'État. Il répète à qui veut l'entendre qu'il n'a jamais perdu de procès, qu'il peut se permettre toutes les exactions, toutes les demandes de renvoi, si peu étayées soient-elles. Le procès est désormais relayé par les médias internationaux. Dans la salle des diplomates, des représentants d'ONG œuvrant à la protection et à la défense des droits de l'homme, Amnesty International, Freedom House, le Réseau des défenseurs des droits humains en Afrique centrale.

Le procureur a beau m'insulter, me qualifier tour à tour de « sujet français » et de « petit Français », de tenter de soulever l'opinion publique contre « cet homme qui a trahi son pays d'origine », plus rien ne m'atteint. Ses coups sont amortis par l'ampleur de mes soutiens.

Assis sur le banc des accusés, je suis apaisé. J'ai pu m'exprimer et je songe au discours lumineux qu'a prononcé Barack Obama en 2009 lors d'un déplacement sur le continent africain :

« [...] Chaque nation façonne la démocratie à sa manière, conformément à ses traditions. Mais l'histoire prononce un verdict clair : les gouvernements qui respectent la volonté de leur peuple, qui gouvernent par le consentement et non par la coercition, sont plus prospères, plus stables et plus florissants que ceux qui ne le font pas. Il ne s'agit pas seulement d'organiser des élections. Il faut voir ce qui se passe entre les scrutins. La répression revêt de nombreuses formes et trop de pays, même ceux qui tiennent des élections, sont en proie à des problèmes qui condamnent leur peuple à la pauvreté. Aucun pays ne peut créer de richesse si ses dirigeants exploitent l'économie pour s'enrichir personnellement, ou si des policiers peuvent être achetés par des trafiquants de drogue… Personne ne peut vivre dans une société où la règle de droit cède la place à la loi du plus fort et à la corruption. Ce n'est pas de la démocratie, c'est de la tyrannie, même si de temps en temps on y sème une élection çà et là, et il est temps que ce style de gouvernement disparaisse. En ce XXIe siècle, des institutions capables, fiables et transparentes sont la clé du succès – des Parlements puissants et des forces de police honnêtes ; des juges et des journalistes indépendants ; un secteur privé et une société civile florissants, ainsi qu'une presse indépendante. Tels sont les éléments qui donnent vie à la démocratie, parce que c'est ce qui compte dans la vie quotidienne des gens. »

La voix tonitruante du procureur Ndanga me tire de ma rêverie. Il s'égosille : « Le pays est souverain. Aucun autre pays ne pourra s'ingérer dans ses affaires ! » Un avocat de la partie civile renchérit : « Les décisions de justice se prennent ici, pas à l'Élysée, ni même à New York. Michel Atangana sera condamné. Rien ne pourra lui éviter la condamnation ! »

Ce soir-là, dans le silence de ma cellule, je m'interroge : un État de droit – mais le Cameroun en est-il un ? – exerce-t-il sa souveraineté dans le mensonge, la violence et la coercition ?

En décembre 2011, Titus Edzoa revient à la barre et nous gratifie de l'acte deux de son spectacle : « Je suis victime d'un rosaire juridique maléfique, ce sera une glaciale douceur à l'arrière fait vinaigre et le tonnerre de la vérité faillira », déclame-t-il, sans que personne, et peut-être même pas lui-même, comprenne un mot de ce qu'il raconte ! L'enfermement ferait-il perdre la raison à cet homme aujourd'hui âgé de soixante-dix ans ?

Le 18 avril 2012 ont enfin lieu les réquisitions du ministère public. Après une pensée pieuse pour l'expert Luc-Paul Njock, le ministère public insiste sur la justesse du procès : « Non, Edzoa et Atangana ne sont pas jugés une seconde fois pour les mêmes faits. »

Sans surprise, il demande que je sois condamné pour détournement de deniers publics en coaction avec Titus Edzoa et Isaac Njiemoun dans l'affaire du Copisur. L'audience s'arrête là, parce que l'un des conseils de l'État a mal à la gorge, et parler lui est douloureux. Et la valse des reports repart de plus belle !

Les auditions reprennent en juin. Ce sera d'abord Mapouna, puis Njiemoun, Edzoa, et je passerai le dernier. Six avocats sont présents pour me défendre. Ma défense rappelle à la cour comment j'ai été amené à venir travailler au Cameroun, puis passe en revue les autres membres importants de la direction du Comité, parmi lesquels le grand absent de ce procès et l'un de ses principaux instigateurs, Dieudonné Ambassa Zang. Elle rappelle le contexte de grave crise économique dans lequel le Comité a été créé, et comment j'ai été placé à sa tête pour trouver les financements nécessaires. Voilà pour les grandes lignes. Ensuite, mes avocats reviennent une énième fois sur les détails des irrégularités supposées, pointent la faiblesse des accusations, la violation systématique de mes droits, le caractère politique de l'affaire, etc. Leurs plaidoiries sont solides, offensives. Leurs paroles me font du bien, même si elles frôlent les insultes à la cour.

Seulement, les juges et le procureur écoutent-ils ce qui se dit ici ? Il y a toujours plus de raisons d'en douter. Quand on me demande si j'ai quelque chose à ajouter pour ma défense, je choisis de rester silencieux. Tout a été dit, je m'en remets à Dieu et à la justice des hommes. L'audience est levée, le verdict doit être prononcé le 18 juillet.

Le jour dit, cela va sans dire, l'audience ne peut avoir lieu. Quelqu'un est malade ? Non, bien mieux ! L'un des juges a été muté. Le délibéré est remis au 30 juillet.

Et le 30 juillet, ce sont en fin de compte deux juges qui sont remplacés ! Après trois ans de procès, deux des trois juges qui vont trancher sur ces affaires complexes n'ont pas assisté aux audiences ! Démonstration ultime, s'il en fallait une, que ce procès est une immense fumisterie.

Mon avocat commente la nouvelle : « Nous ne pouvons pas reprendre tout ce qui a été dit ici depuis trois ans. Nous avons remis plus de deux mille pages, plus de quatre mille pièces. Il est impossible de recommencer les débats ou d'en faire saisir la teneur à ces nouveaux venus ! »

L'audience est suspendue pour reprendre début août. Un débat interminable s'ouvre alors pour savoir comment intégrer les deux nouveaux membres à un procès auquel ils n'ont pas assisté. La plaisanterie continue, de reports en palabres, sous couvert de respect de la procédure.

Finalement, l'audience du 4 octobre 2012 marque une accélération brutale : je suis déclaré coupable de détournement de deniers publics en coaction dans l'affaire du Copisur, et de tentative de détournement de deniers publics dans celle de l'OUA. Le ministère public demande que nous soyons condamnés à la prison à vie et à ce que nos biens soient confisqués. Désormais mes avocats plaident juste pour la forme.

Vers dix-sept heures, les trois juges se retirent pour statuer. Une heure trente plus tard et quinze années jour pour jour après ma première peine, je suis condamné à vingt années de prison ferme supplémentaires. Je suis comme pétrifié. Tandis que les militaires m'extraient de la salle, des gens hurlent au scandale. Dehors, le soleil rase les murs.

Des cris de révolte, des mots de soutien me poursuivent. Je suis sonné, absent. Soudain, une jeune fille blonde se précipite sur moi. Les militaires laissent faire. La surprise, sans doute. Je la reconnais. Elle a accompagné sa mère, une diplomate venue me visiter au SED.

Toutes deux assistaient régulièrement aux audiences. Ses yeux clairs sont remplis de larmes. Son désarroi, sa tristesse sont manifestes. Elle pose son visage contre mon épaule et pleure.

« C'est injuste, c'est injuste ! » souffle-t-elle entre deux sanglots. La scène dure cinq bonnes minutes. Je ne sais que faire. Bras ballants, au paroxysme de l'émotion, je suis sans voix, sans larmes, emporté par cet incroyable moment de pureté, de vérité. Les militaires ne cillent pas. Mais il faut partir. Je la repousse doucement et trouve la force de lui dire : « Ça va aller. Reviens me visiter quand tu pourras avec ta maman. »

Je retourne au Fourgon les yeux fixés sur le sol. Plus envie de voir ce monde-là. Mon dialogue est silencieux. Je le mène avec le texte sacré. Je m'interdis la colère. Ma peine serait intolérable.

J'enlève la chemise sur laquelle les larmes de la jeune fille ont coulé et la plie. Je ne la laverai jamais. Je veux garder intact ce moment d'amour et de vérité.

Plus que jamais, je me raccroche à la Bible. Amour et vérité y vont toujours de pair : « Amour et vérité se rencontrent, justice et paix s'embrassent (Psaume 84, Verset 11). » La source de la vraie lumière, de mon combat est là, dans cette quête d'amour, de vérité et de paix. J'en ai fait ma devise. La condition de ma survie.

*

Comme chaque soir depuis ton décès, je prononce distinctement dans ma prière ton nom. Chaque jour qu'il me restera à vivre, je te demanderai pardon. C'est ma solution pour maintenir un lien avec toi, pour t'aider à reposer en paix. À me pardonner aussi. La vie ne nous aura pas donné assez de temps. J'avais sept ans quand vous avez divorcé avec papa ; il avait obtenu ma garde exclusive.

Tu veillais sur moi de loin, jusqu'à ce jour où tu as craqué. Tu es venue me voir à l'école. J'avais quatorze ans, j'étais tellement en colère, si heureux. Tu m'avais abandonné ! Tu étais en larmes. Comment une femme pourrait-elle oublier le fruit de ses entrailles ? J'étais ton seul garçon ! Et puis tu as griffonné un verset de la Bible sur un morceau de papier : « Mon père et ma mère m'abandonnent, le Seigneur me reçoit. »

C'est bien que tu sois morte. Envie comme jamais de te retrouver.

8

Un jour je viendrai prier sur ta tombe

– C'est pour toi.

Un ami camerounais qui me visite régulièrement au SED me tend son portable.

– Michel ?

La voix est hésitante, inquiète.

Les souvenirs affluent, me submergent. L'océan, l'infini de l'horizon. La fraîcheur apaisante, les longs goûters dans la cuisine, le moelleux du gâteau breton, le chocolat chaud trop sucré, les cours de maths à mes petites sœurs d'adoption.

– Michel, comment vas-tu ? insiste-t-elle.

Mes larmes, impossibles à contenir.

– Ça va aller, maintenant, mon grand.

Je respire avec peine, avec force. Je veux répondre. Ma voix s'étrangle ; j'arrive juste à respirer.

– Michel, ça va aller, parle-moi.

De gros sanglots d'enfant m'emportent. Le passé me happe, abat la digue qui contenait mes pleurs. C'est ma maman de cœur. Celle qui m'a soigné au Centre héliomarin de Perharidy. Elle m'aime ; elle me demande pardon de ne pas m'avoir recherché plus tôt. Je pleure de joie, de honte, d'impuissance. Je dois lui expliquer. Je ne suis pas un criminel !

« Non ! Ça, on le sait. On te connaît, Michel. Avec René, on va remuer ciel et terre pour te faire rentrer à la maison. »

Rentrer à la maison. Ces mots me brisent le cœur.

Poursuivre le combat ou me laisser mourir ?

Le pouvoir veut se débarrasser de moi. Il veut me tuer, ça ne me semble pas excessif de le dire. Me tuer sans se salir les mains. C'est juste une question de temps. Je peux choisir de me soumettre à sa volonté. Ce serait plus simple. Pour moi, pour mes proches. Ils ressentiraient ce soulagement qu'on éprouve au départ d'un grand malade, quand la mort est la seule échappatoire. Le manque serait là bien sûr, mais la souffrance s'atténuerait avec le temps. À quoi bon me battre, cogner dans le vide. Chaque round ne fait qu'ajouter une condamnation à la précédente.

Je n'ai pas vu grandir mes enfants, je n'ai plus de famille, tout ce que je possédais m'a été arraché. Je suis emmuré vivant. La France m'a ignoré douze longues années et aujourd'hui, même si Bruno Gain me soutient, cela ne change rien à l'affaire.

Je ne suis ni Florence Cassez, ni Clotilde Reiss. Je suis Michel Atangana. Français aussi, mais d'origine africaine. Ma couleur de peau contribue-t-elle à mon oubli ?

Ironie du sort, ce sont les États-Unis qui m'ont tendu la main les premiers ; eux qui m'ont reconnu le statut de prisonnier politique. Le pays le plus critiqué au monde pour la violence faite aux minorités raciales a pris la défense d'un Français d'origine africaine, d'un Français abandonné par sa patrie d'adoption !

Mon dialogue avec la Bible, le secours que je trouve en Jésus-Christ, s'éloigne dans une abstraction évidente au regard de ma réalité. Je veux voir mon innocence reconnue. Je veux être libéré. Je veux serrer mes enfants dans mes bras. Je veux rentrer à la maison, à Saint-Pol-de-Léon. Catherine et René m'y attendent. Personne n'imagine l'ampleur de mon sentiment d'impuissance.

Selon la loi, je dispose de quarante-huit heures pour contester cette décision inique auprès de la Cour suprême. La Cour qui doit statuer dans les six mois.

Une nouvelle période d'attente s'installe. Cependant, la donne a changé. Je ne suis plus « sorti des radars ». Le monde extérieur ne peut plus m'ignorer. La réalité de ma situation de non-droit a éclaté au grand jour pendant les trois années de ce second procès et conduit les autorités françaises à une mobilisation plus appuyée. Mon innocence est devenue flagrante, à Yaoundé comme à Paris. Et l'élection en mai 2012 de François Hollande va marquer un tournant. Jacques Chirac comme Nicolas Sarkozy n'avaient pas daigné s'intéresser à moi. Il en alla autrement de François Hollande, dès le début de son mandat.

Le non-droit dans lequel on me maintient conduit l'ambassadeur de France à Yaoundé, Bruno Gain, à dénoncer le mode de fonctionnement de la justice camerounaise. Ainsi, le 27 novembre 2012, trois mois après mon ultime condamnation, le secrétaire d'État aux Droits de l'homme, François Zimeray, atterrit au Cameroun et demande audience aux autorités du pays. Il obtient l'autorisation de me visiter. Son arrivée jusqu'à moi ne se fait pas sans heurts. On lui interdit l'accès à ma cellule. Les soldats ne vont pas hésiter à le bousculer, signe qu'ils sont prêts à franchir les limites. Mais François Zimeray ne se laisse pas intimider. Il ne partira pas sans m'avoir parlé !

Assis sous la petite véranda, il s'enquiert de ma santé. Je lui réponds que je suis ici pour mourir. Son regard me confirme qu'il me croit. Cet homme engagé dans la défense des droits de l'homme à travers le monde connaît le sens des droits fondamentaux. Il a visité nombre de cellules, connu des situations terribles. Il veut me rassurer. Ses mots sont précieux, mais je suis bien en peine de les entendre. Je ne crois pas en son pouvoir, je ne crois même plus au pouvoir de François Hollande sur un Paul Biya enferré dans un autoritarisme paranoïaque. Tour à tour, il me parle comme un ambassadeur puis comme un homme qui tente d'en soutenir un autre. Des paroles empreintes d'une grande humanité, même si lorsqu'il m'assure du soutien de la France j'entends le vide que recouvre parfois la langue officielle.

Au cours de sa visite au Cameroun, François Zimeray prononce un discours percutant à la résidence de l'ambassadeur de France. Un discours dont je reçois copie et que je relis la nuit lorsque le sommeil ne vient pas. Des mots qui consolent, des mots qui redonnent foi en la France, des mots qui sonnent comme la promesse d'une délivrance. Vacillante certes.

Cet homme-là, tu l'aurais aimé maman. Il m'a apporté un peu d'espoir, donné de la force. Oui maman, je vaincrai. Un jour j'irai m'agenouiller sur ta tombe, sans chaînes ni gardiens, avec pour seule escorte mon amour éternel.

23 janvier 2013. François Hollande m'adresse une lettre. Malgré la tournure ambiguë qui ouvre ce courrier – « Quels que soient les crimes que vous ayez commis, la peine qui vous a été infligée le 4 octobre dernier est particulièrement lourde » – et par laquelle il semble se prémunir contre toute accusation d'ingérence, il m'y assure de son soutien et se montre soucieux de faire respecter les droits de l'homme (voir l'Annexe I).

Entre-temps, dans un rapport à propos du Cameroun, et après avoir obtenu de haute lutte de me rendre visite en cellule, Amnesty International m'a reconnu le statut de prisonnier d'opinion (voir l'Annexe II). Je me souviens des mines effarées des deux représentants de l'ONG à l'ouverture de la double porte qui mène au Fourgon. Horrifiés, ils avaient peine à retenir leurs larmes. Puis ils ont mesuré les dimensions de la « pièce » et pris des photos qui allaient faire le tour du monde. Nous sommes vite remontés sous ma véranda. Et là ils ont prolongé au maximum notre entretien. Ils voulaient me donner « plus d'air » et me permettre de rester le plus longtemps possible hors du Fourgon. Avant de me quitter, eux aussi ont insisté sur l'importance de ne pas renoncer, au risque de compromettre leur action pour des dizaines de victimes à travers le monde. Au moment des adieux, ils m'ont longuement serré la main. « J'espère qu'on te reverra vivant », m'a soufflé l'un des deux hommes. Me laisser derrière eux leur était insupportable. J'avais l'habitude. Pas eux.

Mes soutiens se multiplient et moi j'attends la décision de la Cour suprême, censée statuer au plus tard début avril. Enfin, s'il lui prenait l'envie improbable de respecter les délais. Mais l'espoir est là, réactivé sous la forme d'un petit rectangle plastifié : ma pièce d'identité. Refaite par l'ambassade de France en date du 20 mars 2013. Il m'aura fallu combattre seize années pour recouvrer mon identité administrative. Ironie du sort ou anecdote sordide, l'adresse de domicile inscrite sur ma pièce d'identité française est désormais celle du secrétariat d'État à la Défense de Yaoundé !

30 janvier 2013. Paul Biya se rend à Paris pour rencontrer divers partenaires économiques. Ce sera le moment pour la présidence française de montrer qu'elle ne se paie pas de mots. L'enjeu de cette visite est économique, mais en privé un autre sujet est abordé entre Hollande, Biya et les ambassadeurs des deux pays. Au sortir de cette discussion d'une quarantaine de minutes, Paul Biya, seul dans la cour de l'Élysée, fait face à la presse pour résumer les échanges. Comble de l'ironie, il précise être venu en France pour convaincre des entreprises de venir participer à un « grand mouvement de développement », visant notamment à la construction de routes et de ponts. J'aurais aimé être là pour expliquer le sort qui attend les entreprises qui osent encore s'engager au Cameroun auprès de l'État !

Ce jour-là, Paul Biya confirme l'attachement de son pays au respect des droits de l'homme et à la liberté. Et quand un journaliste l'interroge sur mon sort, sa réponse me sidère : « Michel Thierry Atangana, que j'ai connu parmi les dossiers, que je ne connais pas personnellement [...], il ne peut pas être un ennemi politique. C'est un homme qui a été condamné par les tribunaux pour détournement de deniers publics. Son affaire est en instance, il a fait appel, il a saisi la Cour suprême, et nous attendons la décision de cette cour pour voir ce qu'il y a lieu de faire. Notre souci est qu'il y ait le maximum de gens libres, mais je ne veux pas contrarier les décisions de justice. »

Sa prise de parole durera moins de dix minutes. Sa voix éraillée me rappelle celle du chef de la mafia, Vito Corleone, le « Parrain » usé du film de Francis Ford Coppola ! L'homme est en bout de course, même s'il plaisante quand on lui demande s'il n'est pas fatigué du pouvoir après plus de trois décennies à la tête du Cameroun.

Avec un tel calendrier, le soutien de Bruno Gain, présent ce jour-là, et le rapport d'Amnesty International publié quelques jours plus tôt, je peux espérer que François Hollande a pris le temps d'évoquer mon dossier. Et c'est le cas, comme je le découvre bientôt dans les médias (voir l'Annexe III – *L'Express* du 30 janvier 2013).

Désormais, je bénéficie du droit de sortir de ma cellule entre neuf et vingt heures. Je peux marcher dans un espace bien délimité de la cour du camp militaire où mes soutiens sont autorisés à me rejoindre. Sous ma véranda, où la surveillance des gendarmes s'est nettement relâchée, ma défense s'organise. Avocats, journalistes, diplomates et appuis divers s'y relaient. Un vent d'optimisme souffle et nous galvanise.

En France, Dominique Sopo, président de l'association SOS Racisme, a créé un comité de soutien. Son énergie m'apporte une immense espérance. Entre le temps passé entouré de mes avocats et mes allées et venues au tribunal, si ma vie n'a pas retrouvé de sens, je me sens moins seul.

Mais c'est en France qu'a lieu l'essentiel de la bataille et où l'affaire est de plus en plus discutée dans les médias. Sur RFI notamment, où le journaliste Christophe Boisbouvier n'hésite pas à interpeller les personnalités concernées, ou encore dans les colonnes du *Nouvel Obs* (voir l'Annexe IV – *Le Nouvel Obs* d'avril 2013), où François Caviglioli dénonce le scandale et « le magot de 278 milliards de francs CFA, soit près de 500 millions d'euros » investis par des sociétés de BTP françaises *via* le Copisur et qui « embarrasse » l'État camerounais. Ce grand journaliste aujourd'hui disparu m'a apporté un soutien décisif. Il m'a peut-être même sauvé la vie, en prouvant par la force de ses mots à mes geôliers que mon pays ne m'avait pas abandonné. Et aussi *Le Canard enchaîné*, qui a été le premier, en juillet 2009, à rappeler dans ses pages à l'État français qu'il avait oublié l'un de ses ressortissants au Cameroun depuis douze ans (voir l'Annexe V – article du 15 juillet 2009).

Les médias participent à me faire exister, et je suis reconnaissant à chacun des journalistes qui a pris le temps de plonger dans cette affaire complexe. Je sais leur poids pour secouer la léthargie et l'indifférence des gouvernants.

Sur mon petit poste de radio, j'entendrai mon fils appeler à ma libération. Lui infliger ce combat, lui interdire l'insouciance de sa jeunesse, me bouleverse. C'est si incroyable de découvrir Éric, si jeune, si mature, défendre la cause d'un père absent depuis ses cinq ans. Je suis si fier de lui, de sa force.

Il avait juste seize ans lorsqu'il a accompagné l'un de mes avocats, Rémi Barousse, à la rédaction du *Canard enchaîné* en 2009 pour chercher du soutien. Une initiative qui a permis ce fameux premier article qui allait me sortir de l'ombre et « déranger » le pouvoir.

Au fil du temps, Éric a entraîné son jeune frère, puis leur mère, dans ce combat. Nous échangeons régulièrement. Et même si parfois je doute de mériter leur soutien, leur affection décuple mon envie de vivre et de recouvrer la liberté.

Il n'est pas du ressort de mes enfants de me protéger. Il y a tant de choses irrattrapables. Souvent, je songe à mon propre père. Je me souviens de nos interminables parties de foot où je réclamais toujours « cinq minutes encore ! », de ces week-ends de juin où nous discutions tout en partageant les arachides qu'il décortiquait méticuleusement. Mes fils n'auront jamais eu de père avec qui jouer au foot. J'ai tronqué leur jeunesse, et ça rien ne pourra le compenser.

Le 31 mai 2013, dans un entretien avec Christophe Boisbouvier, François Hollande déclare à mon propos : « J'ai dit au président Biya que, bien sûr dans le respect de l'indépendance de la justice camerounaise, tout devait être fait pour qu'il puisse y avoir une solution qui soit apportée. Ça fait trop longtemps que ça dure et c'est inadmissible. » Des paroles de plus en plus fortes, de plus en plus embarrassantes pour la justice camerounaise.

Alors que les mois passent et que la Cour suprême n'a, sans surprise, pas tranché dans les délais légaux, un envoyé du Groupe de travail sur la détention arbitraire de l'ONU[9] vient pour m'interroger. Je refuse de le rencontrer dans le bureau du secrétaire d'État.

Un refus qui retarde évidemment la rencontre. Quand il parvient enfin sur le seuil de mon tombeau, lui aussi se fige. Le choc est inscrit sur ses traits. L'homme restera plusieurs minutes immobile avant d'entrer. J'ai appris à m'adapter à l'inconcevable, et c'est dans les réactions de mes visiteurs que je prends la mesure de mes conditions d'« incarcération ».

Cette visite et l'intervention de l'ONU seront déterminantes.

12 août 2013. Le Groupe de travail sur la détention arbitraire de l'ONU adresse une condamnation au Cameroun. Cette lettre décrit d'abord dans quels cas le Groupe considère que la privation de liberté est

9. La France a activement contribué à créer ce groupe de travail onusien en 1991. C'est d'ailleurs un Français, le magistrat Louis Joinet, qui en est à l'initiative avec le Pérou et les États-Unis. Ce groupe de travail est une procédure spéciale dépendant du Conseil des droits de l'homme. Composé d'experts indépendants, il peut être saisi de cas individuels de détention partout à travers le monde.

arbitraire, puis expose un récapitulatif des étapes de mes procès et de ma détention. Le Groupe y note que ma condamnation « ne peut être considérée comme une décision juridictionnelle », constate que j'ai été « détenu, condamné puis emprisonné, en violation de la Déclaration universelle des droits de l'homme et du Pacte international relatif aux droits civils et politiques », y souligne que « l'inobservation des normes internationales relatives au droit à un procès équitable est d'une telle gravité qu'elle confère à la privation de [ma] liberté un caractère arbitraire », et conclut que je suis effectivement un prisonnier politique.

Le gouvernement camerounais n'ayant pas répondu dans le délai de soixante jours, ni demandé prorogation de ce délai, l'ONU rend un avis sur la seule base des informations communiquées par son envoyé et note que je suis « incarcéré dans des conditions inhumaines, sans ventilation adéquate [...]. Toutes les instances judiciaires intervenues dans la très longue privation de liberté de M. Atangana ont manqué d'impartialité comme l'attestent de nombreux éléments : les condamnations prononcées sans que M. Atangana puisse bénéficier de la défense de ses avocats, la non-communication des dates des audiences, ce qui aurait laissé aux avocats le temps nécessaire pour se préparer et le défendre d'une manière appropriée; le mépris du droit de M. Atangana à être jugé en liberté, sous prétexte de garantir sa comparution et de s'assurer qu'il purge sa peine; à être jugé sans délai; à profiter de la présomption d'innocence. [...] Tous ces faits, depuis le 3 juillet 1997, constituent de très graves violations des normes relatives au droit et à un procès équitable ».

En conclusion, le Groupe recommande au gouvernement camerounais de procéder à ma libération immédiate, d'enquêter sur les faits, de sanctionner les personnes responsables de ma privation de liberté et de me verser une indemnisation pour les préjudices causés par ma privation de liberté depuis le 12 mai 1997.

Jamais des propos aussi fermes n'avaient été tenus contre l'État camerounais. Cet avis sera adopté le 13 novembre 2013. Hélas, l'ONU n'a aucun pouvoir de contrainte et sa demande restera lettre morte.

Je fais les cent pas dans la cour, la liberté ne m'a jamais semblé aussi accessible. Mais malgré les actes et les bonnes volontés, mon sort reste entre les mains d'une Cour suprême dont je n'ai rien à espérer.

17 décembre 2013. Plus d'un an après ma demande, la Cour rejette mon pourvoi.

De toute façon, je n'attends plus rien de cette justice aux ordres. Un état d'esprit qui me permet d'accuser la nouvelle avec un calme qui déroute mes soutiens. C'est ailleurs, dans les mobilisations des comités de soutien, relais du politique, et dans l'action des organisations non gouvernementales que je place mes espoirs. Ce verdict n'est qu'une médiocre comédie de plus.

9

La liberté est un gouffre dans lequel je tombe

Deux mois vont s'écouler, pendant lesquels je suis encore et toujours écartelé entre l'envie de me battre et celle de renoncer. Mes recours sont désormais épuisés. Les correspondances entre des députés français qui veulent faire valoir ma cause et les ministres du gouvernement de Jean-Marc Ayrault sont nombreuses. Pour autant, j'en perçois les limites. Ces échanges ont pour but d'attirer toujours plus l'attention sur l'injustice qui m'est faite. En général, les réponses des ministres se parent de toutes les précautions diplomatiques. Pas d'engagement, des généralités, des garanties de la volonté de la France de faire respecter le droit. Ma réalité est si loin de ce monde civilisé où politesse et précaution habillent chaque parole.

Un nouvel espoir naît pourtant grâce à un ami avocat camerounais venu me visiter. « Maître Dupond-Moretti est l'avocat le plus puissant de France! me dit-il. C'est écrit dans le classement annuel des avocats du magazine *GQ*. Regarde, c'est le numéro 1 ! Il te faut un ténor du barreau pour secouer l'inertie du pouvoir ! »

Maître Jean-Bernard Keou s'envole donc pour Paris afin de le convaincre de prendre ma défense. J'apprendrai bien plus tard l'incrédulité de maître Dupond-Moretti et de son équipe à son arrivée rue La Boétie les bras chargés de fruits et d'un imposant masque africain ! Et leur stupéfaction d'apprendre qu'un Français était quasi abandonné depuis une quinzaine d'années dans une geôle camerounaise.

« Il ne peut s'en sortir que s'il n'est pas oublié », conclut en substance maître Dupond-Moretti à l'issue de l'entretien. Il accepte mon dossier et organise une conférence de presse en s'appuyant sur l'avis de l'ONU. Seul un rapport de force et une médiatisation de l'injustice dont je suis la victime peuvent conduire à ma libération. Mon affaire connaît alors un regain d'intérêt (voir l'Annexe VI – *L'Express* du 9 janvier 2014).

Mais comment imaginer que le président du Cameroun puisse céder à la pression au point d'ordonner ma libération ? Pourtant, sans qu'aujourd'hui encore je sache pourquoi, celui qui tenait à laisser cette pseudo-justice faire son travail décide de signer, le 18 février 2014, un décret de remise de peine, aux contours étonnants mais taillé sur mesure pour moi et quelque deux mille cinq cents autres détenus, dont Titus Edzoa. Des grâces par centaines évitant ainsi de me distinguer, au risque de me donner une étiquette de « héros national ». Mes avocats ne veulent pas se réjouir trop fort tant le langage du décret est flou. Le 19 février, contacté par RFI, le ministre camerounais de la Communication, Issa Tchiroma Bakary, entretient l'équivoque. J'entends l'interview en direct à l'occasion de mon « bain de soleil » grâce aux militaires toujours branchés sur leur radio. Un florilège de n'importe quoi qui permet de comprendre comment la manipulation des esprits se poursuit jusqu'à la dernière seconde ! Même si le décret augure de ma proche libération, le verbiage du ministre me rend fou de rage (voir l'Annexe VII – RFI, 19 février 2014).

Le décret n'entrera en vigueur qu'une semaine après sa signature. Je me demande si c'est là un moyen pathétique pour Biya pour montrer à la France de Hollande, à l'ONU, à la communauté internationale qu'il fait bien ce qui lui plaît.

Le 24 février, comme chaque soir, je suis ramené à dix-huit heures dans ma cellule. À vingt et une heures, sur le point de me coucher, j'entends le vrombissement inhabituel de véhicules militaires. À cette heure la cour est calme. Toujours. Le bruit des moteurs s'intensifie. Bientôt suivi de celui de voix, de pas qui se rapprochent. Je suis nerveux. Des hommes sont derrière ma porte. Je me rassieds sur le lit, les sens en alerte. La clé tourne dans le verrou. Mon cœur bat à tout rompre. Rien n'est normal. En dix-sept années, personne n'est venu à cette heure tardive. Jamais. Une certitude s'impose : ils vont me tuer, me faire disparaître ! Ils vont m'exécuter, sans témoin. M'étouffer, peut-être m'empoisonner. La porte s'ouvre à la volée. Un colonel de gendarmerie me regarde. Je me recroqueville contre le mur du fond. Mouvement de protection absurde. L'homme esquisse un geste de recul. L'odeur infecte du Fourgon l'a saisi à la gorge. Son regard effaré court de moi aux murs.

– Je comprends pourquoi on ne voulait pas qu'on voie cette cellule.

Les mots lui ont échappé. L'homme est un Blanc. Mon rythme cardiaque ralentit.

– Vous êtes libre. Suivez-moi, je vous emmène à l'ambassade de France.

Non, c'est une ruse. Ne pas bouger, rester là. Ils vont m'exécuter. Tout ça va trop vite. Ne pas obéir. La confiance m'est impossible. Mon existence n'est que trahison, violence, mensonge.

– Je ne peux pas partir comme ça, en pleine nuit ! Je n'ai rien préparé ! Toutes mes affaires sont ici !

Ils vont me fusiller. C'est sûr. Je vais résister. Me lever, faire face, lui parler les yeux dans les yeux. Je ne peux pas. Pas ce soir.

L'homme s'exprime avec calme.

– Je comprends. Mais je ne peux pas vous laisser dormir ici une nuit de plus. Laissez tout ça ici. Ne craignez rien. Ce soir vous dormirez en sécurité dans votre pays, à l'ambassade de France. Il faut faire vite.

Le directeur de la DGRE, le service de renseignements camerounais, jusqu'alors en retrait, s'impose dans l'étroite embrasure : « Le président Biya t'accorde une grâce. » Le ton est fat, son regard hautain.

Le colonel blanc le repousse. Sa réaction me rassure.

– C'est la France qui m'envoie, répète-t-il.

J'ai tant espéré. Je n'y crois pas.

– Allons chez nous.

J'hésite. Alors l'homme me prend par la main. Un geste qui m'apaise net.

Que cette nuit me conduise à la mort ou à la liberté, une page se tourne. La pire de ma vie, quelle qu'en soit l'issue. Je glisse dans un sac en plastique mon Nouveau Testament, le petit livret témoin de mon temps en prison, mon chapelet et les photos de mes enfants. Sans un regard je quitte le lieu où j'ai croupi dix-sept années. Tout ce qu'il en reste tient dans un sac que je serre contre moi. Ma Bible est pleine d'annotations, mémoire de mes années d'incarcération.

Dehors, une dizaine de gendarmes blancs m'attendent. Aucune arme n'est plus pointée sur moi. Je suis toujours sous bonne garde, mais cette fois c'est moi qu'on protège. Tandis que je traverse la cour, un vertige me prend. Je m'immobilise pour inspirer la fraîcheur oubliée de l'air nocturne.

Dans la cour, les gendarmes camerounais se tiennent à bonne distance. Ceux de l'ambassade de France ont établi un périmètre de sécurité. Une portière s'ouvre et je m'engouffre dans le véhicule sous le regard rassurant du colonel. La nuit est noire, dense. Et puis se profile l'allée éclairée plantée de grands palmiers qui mène à l'ambassade de France. Il m'aura fallu dix-sept années pour franchir les dix minutes de route qui séparent ma geôle de la liberté. En passant le seuil de l'ambassade, je comprends que ce mot ne signifie plus rien. Je l'ai pourtant tellement rêvé, cet état de liberté. Mais je ne ressens rien. Les lumières m'écrasent, m'éblouissent. L'agitation alentour m'oppresse. On attend de moi de la joie, de l'enthousiasme, de la reconnaissance. La nouvelle ambassadrice, Christine Robichon, m'accueille avec chaleur. Tous me sourient, veulent me parler, me serrer la main. On me regarde avec bonté, admiration, pitié. Je ne suis capable de rien. Mes oreilles, mon cœur, mon corps sont paralysés. Je suis toujours dans mon tombeau, enchaîné, absent à moi-même, aux autres. J'ai l'impression de flotter, d'être bousculé d'un convive à l'autre. Envie d'obscurité, d'un espace clos où me réfugier.

Laissez-moi reprendre mon souffle. Besoin de silence, de pénombre. Par pitié, donnez-moi un coin où je puisse m'isoler. Juste quelques heures. J'ai perdu tout repère en dehors de ma cellule et de mon étroite véranda. Au lieu de ça on m'amène dans un vaste salon de réception. Un dîner officiel est donné en mon honneur. Une grande table est dressée au centre de la pièce. Plusieurs convives m'y attendent autour de l'ambassadrice. Vertige. Tous rayonnent de satisfaction. C'est la première table à laquelle je m'assieds depuis dix-sept années. Je suis incapable de partager un repas. Tout va trop vite. Je ne sais plus la vie, je ne sais plus m'asseoir à une table, je ne sais plus manger en compagnie, je ne sais plus affronter la lumière, les autres, l'espace. Je suis seul parmi ces gens dont certains ont activement œuvré à ma libération. Je les remercie tout en ne parvenant pas à être vraiment là. Je n'ai aucun souvenir précis de ce dîner, ni des plats, ni des paroles prononcées. Je suis comme en transe, présent et ailleurs.

Enfin, on me libère pour m'accompagner à ma chambre. Je m'y précipite. Hâte de fuir le monde des vivants. Besoin de me recroqueviller dans une pièce exiguë. Nouveau choc, nouvelle épreuve. La chambre est vaste, éclairée de lampes et d'appliques murales. Je m'y enferme à double tour. Je baisse la lumière. Nouveau malaise. Que faire de la clé ? La cacher ? Non. Je la glisse dans la serrure. Sensation nouvelle d'avoir le choix entre sortir ou rester. Nouveau saut dans l'inconnu à la vision du couloir sans garde, sans interdit. Et si je m'enfuyais ? Ça n'a aucun sens. On ne fuit pas la liberté ! Je suis mon propre gardien. Personne d'autre n'a la clé de ma chambre. Je peux choisir de m'y enfermer. Je tourne la clé. Seul. Enfin. Pris par une sorte de phobie de l'espace, je reste dos au mur. Je suis paumé, la pièce est trop grande. Vertige, suée. Trop de lampes, trop de meubles, trop de possibles. Je ne sais plus m'allonger sur un lit, ni même utiliser des toilettes normales. Tout est étrange. Tout me déstabilise.

Je fais deux pas en avant et je m'immobilise face au lit. Je n'ose absolument rien faire, ni aller dans la salle de bains, ni allumer la télé, ni dormir. Je veux rentrer chez moi. Je n'ai rien à faire là. Ce n'est pas ma place.

Je reste éveillé toute la nuit. Vers trois heures du matin, je prends mon chapelet. Prier pour ne pas devenir fou. La nuit s'écoule dans cet entre-deux-mondes erratique. Un oiseau solitaire siffle, lien invisible entre ici et là-bas.

J'attends le lever du soleil assis face à la fenêtre. Et là se produit un miracle, et une joie aussi profonde que paisible m'envahit, m'apaise. Je vois la nuit céder la place au jour. Je vois la frontière ténue qui sépare l'aurore du jour. Cette clarté évanescente sur le point d'être mais qui n'existe pas encore. La lumière, l'œuvre première du Créateur, la source de la vie. Les ténèbres s'abandonnent à la lumière et je bredouille une prière de remerciement : « J'ai expérimenté la force de ta parole, après dix-sept longues années d'attente. Tu as cogné fort pour m'extirper du cœur des forces occultes qui ne vomissent que des paroles blasphématoires. »

Je passe quatre journées enfermé dans la chambre, empêtré dans une liberté dont je ne sais que faire. La peur de déranger – réflexe de survie acquis au contact des gendarmes – me paralyse. Seuls les visites, les appels de mes proches et surtout ceux de mes deux garçons me réconfortent.

Un médecin m'a examiné ce matin. Mon pied me fait terriblement souffrir, mes dents sont décalcifiées, je suis très amaigri. Mon corps est celui d'un homme qui a vécu en cage. Quant à mon esprit, il est au diapason du marasme. Mais ça, personne ne le voit.

Je dois me reposer. Mais là non plus rien n'est évident. Un vrai lit n'en est plus un pour moi, si absurde que cela paraisse. Mon corps n'est pas prêt à retrouver le confort d'une literie. Tout fait choc. Tout fait rupture. Ces premiers jours me laissent pressentir le chaos à venir. Je passe des ténèbres à la lumière, au sens littéral, aussi : la lumière m'éblouit, me rend nauséeux. La liberté ne se recouvre pas du jour au lendemain. La chambre mise à ma disposition à l'ambassade reste avant tout une cellule.

« Nous avons pris l'engagement que tu ne diras rien », m'annonce l'ambassadrice avec un sourire. J'acquiesce. Je n'ai rien à dire de toute façon. Je suis KO. Ma seule requête est de pouvoir me rendre au cimetière où repose ma mère.

Je veux juste prier sur ta tombe maman. Il est inimaginable de quitter le Cameroun sans fixer dans ma mémoire le lieu où tu m'attends.

Le cimetière n'est pas loin de l'ambassade. Dès le lendemain de ma libération, une escorte m'y accompagne. On m'explique qu'il faut faire vite. Ne pas rester trop longtemps en dehors de l'enceinte de l'ambassade.

Je m'en veux tellement de mon absence à ton enterrement. La naissance et la mort sont les moments les plus précieux qui attachent un enfant à sa mère. Un fils doit pouvoir prononcer les mots d'adieu.

Agenouillé sur ta tombe, je renoue par ma présence notre lien d'amour. Je te promets, maman, de vivre jusqu'à mon dernier souffle selon les valeurs de justice et de paix que tu m'as transmises. Je boite aujourd'hui plus qu'avant. Cette douleur qui ne me quittera jamais, je veux la garder présente ; elle me tiendra toujours dans une profonde humilité.

Un gendarme s'est penché vers moi. « Il faut partir », me chuchote-t-il.

Je me relève sans te quitter des yeux. Je ne reviendrai sans doute jamais sur ta tombe. Face à la liberté, la douleur de ton absence est décuplée.

À mon retour à l'ambassade, on m'informe que je vais devoir payer mon billet d'avion Yaoundé-Paris. C'est insensé ! Je n'ai plus rien, et mon pays ne peut pas assurer mon rapatriement ! Heureusement mes soutiens sont là. Brigitte Fotso me rassure : elle paiera le billet.

Dans la soirée du 27 février 2014, alors que je quitte l'ambassade en direction de l'aéroport, je sais que je ne reviendrai jamais au Cameroun. Deux collaborateurs de l'ambassade m'accompagnent, et nous retrouvons Brigitte à l'aéroport. Sa présence me réconforte. Me déplacer, voyager, rentrer à Paris, tout me semble irréel, m'affole.

J'arrive à Roissy à l'aube d'un matin pluvieux. Il est cinq heures trente. Un froid sec me happe avec bonheur. Je descends prudemment l'escalier d'embarquement.

Peur de chuter avec ma jambe paralysée. La fraîcheur de cette fin d'hiver m'enveloppe. Cet air de la France m'a tant manqué. Une fine pluie se met à tomber, ruisselle sur ma tête, glisse sur mon visage. Baptême silencieux. Dieu que je l'aime la pluie, je l'ai aimée même lorsqu'elle me faisait chuter quand je me hâtais sur mes béquilles pour aller en cours !

J'avance sur le tarmac ; mes jambes sont lourdes, hésitantes. Les regards sont braqués sur moi. Ne rien dire. Rester droit. Masquer mon trouble, mon absolue fragilité dont je prends la mesure.

On me tend un parapluie. Je le repousse dans un sourire. Dans ma tête trotte une mélodie : *La Pluie* de Goldman. « Que le temps tourne, comme tourne la chance / Autant apprendre à marcher sous la pluie le visage offert ». Ce morceau-là aussi, je l'écoutais souvent sur mon petit radiocassette ; les yeux mi-clos, j'essayais désespérément de retrouver l'odeur revigorante de la pluie.

Mes fils, Éric et Étienne, sont là. Bouffée de joie intense. Ils sont si grands ! Éric, qui s'est investi corps et âme dans la lutte pour ma libération, me sourit. Il est devenu un homme, il me dépasse. L'incrédulité de nous découvrir est réciproque. Mon bonheur se teinte de tristesse. Ils sont désormais des inconnus. Mon « amortisseur émotionnel » est en bout de course. Que dire ? Par où commencer ? Qu'allons-nous faire de ces retrouvailles, de cette liberté ? Le choc passé, je comprends qu'ils sont tous là : leur mère, Jean-François Julliard du *Canard enchaîné*, Pascal Ceaux de *L'Express*, maître Éric Dupond-Moretti, Dominique Tricaud, l'avocat de SOS Racisme, Hélène Conway-Mouret, ministre chargée des Français de l'étranger, et de nombreux soutiens de mon comité.

Nous passons un moment dans un salon privé de l'aéroport. Vertige d'être dans la réalité sans pouvoir y adhérer; sentiment d'écrasement qui gomme la joie. Je me sens minuscule, broyé. Je suis submergé par les questions, les marques d'affection, le doute quant à ce que seront les prochains jours.

Dans la lumière pâle de ce matin d'hiver, nous partons pour le centre de crise du Quai d'Orsay. Je me sentais chez moi ici. Ce n'est plus le cas. Cette grisaille, c'est pourtant la France, celle que je connais, celle que j'aimais. Dans cette voiture, comme dans l'avion, comme à l'ambassade, je ne suis pas à ma place. Dans mes vêtements neufs, j'ai la sensation d'être déguisé, exhibé. Comme le jour de mon arrestation, lorsque les gendarmes m'ont baladé sirènes hurlantes à travers la ville. Je me recroqueville contre la portière. Dormir. Retrouver ma cellule juste le temps de reprendre mon souffle. C'est absurde! Je dois lutter, ne pas me laisser aspirer par les ténèbres. Mon tombeau me colle à la peau, aux tripes, à l'âme. Fermer les yeux, m'assoupir. Tout va bien, tout va bien. Soudain je sens la présence invisible des gardes; ils me rudoient, me bousculent, m'insultent. « Ha ha ha, tu es un moustique! La France n'en a rien à faire de toi. Tu vas crever ici! » C'est impossible! Je suis à 5 000 kilomètres de Yaoundé, en France!

Rester éveillé, conscient, vigilant. Repousser les démons, fixer mon attention sur le paysage qui défile. Me concentrer sur l'horizon, le gris du ciel, la pluie qui lacère les vitres. Fermer les yeux, reprendre pied dans mon tombeau. M'enfoncer dans sa noirceur qui préserve de la vie. Non, non ! Je me redresse. Entrouvrir la fenêtre, respirer à fond, me perdre dans la pluie qui dresse un écran mat entre le monde et moi.

– Tout va bien Michel ? me glisse Brigitte.

Aurait-elle perçu mon désarroi ?

Je la rassure. Je dois être heureux. L'inverse serait absurde, égoïste. Dix-sept années que j'attendais ce jour.

– Oui. Tout va bien.

L'après-midi même, on m'emmène au Val-de-Grâce pour une série d'examens. Le pire m'a été épargné, mis à part mon problème au pied qui m'empêchera toujours de marcher normalement. Si mon corps va bien, mon esprit est en proie à la confusion. Un chaos invisible dont personne ne fait cas. Je n'ai pas voulu dormir à l'hôpital militaire du Val-de-Grâce. Je venais de passer dix-sept années dans un camp militaire ! On m'installe dans un hôtel à proximité, et quelques jours plus tard dans un meublé proche de la Porte de Saint-Cloud. Je m'y isole. Fuir la vie, échapper à la réalité. Je ne reconnais plus rien. Le monde a changé sans moi. Je suis dépassé par les événements, pas prêt. Je dois tout réapprendre. Le choc numérique est absolu. Chacun a sa vie, sa famille, son travail. Je n'ai plus rien. Mon fils ne me trouve pas assez combatif. Je le déçois, mais je ne sais pas être autrement.

Je suis absent de ce monde ; ma blessure est à vif. J'ai honte de sortir. Toute vie sociale m'est impossible. Je tâtonne, je trébuche, verrouillé dans une bulle de souffrance que je masque à tous. Je me sens déraciné et je songe à ce vieil homme du film *Les Évadés* qui refuse d'être libéré. Pour me sauver, je me réfugie dans un rituel. Celui-là même qui a ponctué ma vie en cellule : chaque matin, de quatre à six heures, je prie.

Aujourd'hui encore, sept ans après ma libération, ces deux heures de prière sont le fil conducteur de mes journées. Un esclavage choisi. J'organise ma vie, mes nuits, au rythme de ces prières qui m'ont autrefois sauvé de la folie.

J'ai été rendu trop brutalement à la liberté. Mon esprit, mon corps s'étaient pliés à dix-sept années d'entrave. Comme un arbre isolé sur une plaine venteuse, j'ai appris à me courber jusqu'au sol. On m'a redressé d'un coup et ça me terrorise. Peur de rompre. Je suis angoissé, désorienté. Quand on a croupi si longtemps dans sept mètres carrés, la liberté est un chaos.

Le mois suivant ma libération, je suis convié à partager un verre de l'amitié au *Canard enchaîné*. Moment inoubliable, de ceux qui redressent, m'aident à me reconstruire. Je me sens exister, presque renaître à moi-même. J'en resterai marqué à vie.

Tandis que nous levons nos verres, j'éprouve un sentiment de liberté, à l'image de cette presse. Les mots prononcés, la chaleur si prégnante de tous, aussi intense qu'au jour de ma libération, effacent le mépris, l'humiliation. J'apprends que tous les services de cette rédaction ont souhaité être présents. Avoir le sentiment d'être utile à une cause humaine fait du bien, me confie l'un d'eux. Je vis un moment chargé d'un symbolisme profond, celui de cette liberté d'expression qui m'a permis de me libérer de la pesanteur administrative. J'ai du mal à articuler. Je sais combien tous attendent mes mots. Je voudrais mieux marquer mon propos. Je rends hommage à la presse libre, aux journaux de mon pays de naissance aussi. Je salue le courage des journalistes qui dénoncent les silences coupables. Je dis ma reconnaissance. Nous échangeons longuement avec Jean-François Julliard. Il approuve mon refus des violences verbales. Au lendemain de ma libération, il est le seul à me donner le sentiment qu'il faut garder sa tempérance dans l'action et ne pas céder à la violence des mots. Nos échanges m'apportent beaucoup, me confortent dans le chemin que j'ai choisi de suivre.

Le 28 mars 2014, je serai reçu à l'Élysée par le président François Hollande. Un peu avant la cérémonie, j'ai retrouvé Catherine et René sur le trottoir. C'était si bon de les savoir là. Ils m'ont pris à part, le temps de glisser dans ma main une clé de leur maison : « C'est chez toi, maintenant. C'est ta maison. » Je suis ému, heureux, embarrassé. Ils m'offraient l'attache dont j'ai tant besoin.

Et puis le flot des obligations de cette rencontre officielle m'a happé. J'attendais ce moment avec l'espoir absurde qu'il participerait à ma convalescence, à mon cheminement vers la lumière. La réception fut courte. Aucun média n'avait été convié. Je m'en étonnai un peu.

Un conseiller Afrique est venu me chercher. François Hollande m'attendait dans son bureau pour un tête à tête. « Pas plus de dix minutes », a-t-il averti. Finalement l'entretien a duré une demi-heure. Il m'a interrogé sur ma vision de la situation politique au Cameroun. « Votre force intérieure m'impressionne », m'a confié le président avant de m'expliquer que l'État n'avait pas de cadre pour régler les cas comme le mien. « Vous êtes le doyen des Français détenus par un État étranger. Cela ne doit plus jamais se reproduire. Nous allons travailler ensemble. Je veux me battre pour la démocratie en Afrique et m'appuyer sur votre expérience. »

Je le remerciai. À travers lui, c'est le Seigneur que je remerciai. Je pensais que le simple fait de voir le président Hollande allait tout résoudre.

Il n'en fut rien.

10

J'accuse

Anna Véronique El Baze

Les mois qui suivirent sa libération, Michel Atangana fut sollicité par de nombreux médias. On lui parlait chiffres, durée de détention, taille de cellule. Les conditions inhumaines de son enfermement étaient décrites avec force détails et cette affaire complexe souvent réduite à quelques lignes sensationnalistes. Certains cherchaient un coupable, une cause unique. Le cas révoltait, devait faire figure de scandale d'État. L'abandon de la France interrogeait, comme il interroge aujourd'hui encore.

Au-delà de la menace politique, Michel constituait certainement une menace financière. Il était celui qui portait des intérêts financiers étrangers avec efficacité au Cameroun. En l'abattant, on mettait un terme à ces investissements auxquels le pouvoir en place, dans un pays complexe, avait décidé de renoncer, sans doute par crainte de perdre la main.

La justice camerounaise ne l'ayant pas réhabilité, ses biens au Cameroun restent confisqués. Après sa libération, le président Biya avait pourtant lancé diverses actions afin de déterminer les préjudices financiers de l'affaire et de sa détention. En conclusion de ces initiatives, Paul Biya devait habiliter par décret son ministre de l'Économie afin qu'il signe une convention de règlement définitif entre le Cameroun et les sociétés représentées par Michel Atangana. Une convention notamment élaborée à partir des conclusions de l'enquête qui avait évalué les conséquences de l'arrêt du projet piloté par Michel à près de 300 milliards de francs CFA[10]. Rien n'a jamais été signé.

10. En 2012, alors même que Michel Atangana était encore détenu, le délégué général à la Sûreté nationale, autorité la plus haute en matière d'enquête au Cameroun, saisie par la présidence d'une enquête sur les « enjeux financiers cachés » de l'affaire Atangana, avait conclu que les conséquences financières de l'arrêt du projet piloté par ce dernier s'élevaient à environ 278 milliards de francs CFA. En mars 2017, le rapport d'un groupe de travail interministériel mis en place en 2016 sur instruction de Paul Biya pour établir les propositions concrètes de règlement de ces enjeux financiers avait conclu que « les sommes dues dans le cadre de la cessation du projet piloté par M. Atangana se montaient à plus de 57 milliards de francs CFA, auxquels s'ajoutaient d'autres créances liées au projet routier » et que ce « dernier en était le bénéficiaire ». En fait, M. Atangana était l'unique contractant signataire entre l'État et les sociétés privées; il portait les intérêts des sociétés privées. De même, côté État, le secrétaire général à la Présidence était l'unique interlocuteur signataire (c'est notamment pourquoi la plainte fut intitulée « Atangana contre l'État du Cameroun »). Le rapport d'analyse concluait sur l'alternative suivante : soit l'État camerounais rejetait les demandes d'indemnisation, mais s'exposait alors à un règlement juridictionnel défavorable, soit il optait pour une solution négociée avec son

Finalement, la grâce accordée par le président Biya s'avère le pire des subterfuges politiques. Elle paralyse la vie de Michel Thierry Atangana ; paria sans recours, libéré mais coupable, il est réduit à l'insolvabilité par l'amnistie. Avocats camerounais, soutiens, amis, ils sont nombreux à l'avoir aidé et à se sentir lésés. Michel ne peut ni les rembourser ni les rémunérer pour leur engagement passé. Humiliation supplémentaire.

Si le complot a été fomenté dans les plus hautes sphères du gouvernement camerounais, l'intérêt économique de la France semble avoir eu raison du devoir de protection de ses ressortissants qui incombe à la nation.

Comme le résume sans détour le député Olivier Falorni dans un documentaire[11] consacré en 2018 à Michel Atangana, « ce scandale d'État prouve que pour des raisons d'État obscures, qui relèvent de considérations politiques et financières assez sordides, on est prêt à sacrifier l'honneur et la vie d'un homme jusqu'au plus haut niveau de l'État français ».

Ce qui est certain, c'est que l'affaire Atangana dérange.

Pourquoi a-t-il fallu attendre l'implication de Bruno Gain, ambassadeur de France au Cameroun

---

créancier avec cet intérêt de rétablir la confiance des investisseurs étrangers, en particulier français.

Malgré ces conclusions, le règlement de l'affaire s'est à nouveau enlisé dans la bureaucratie camerounaise.

11. Public Sénat, « Michel Thierry Atangana, scandales d'États », 2018.

(2009-2013), pour que Michel Atangana bénéficie enfin de la protection consulaire ? Pourquoi aucun de ses quatre prédécesseurs n'a-t-il jugé utile d'intervenir ? Pourquoi les ministres des Affaires étrangères successifs de Chirac et Sarkozy ont-ils fait la sourde oreille, sous prétexte de non-ingérence ? Bernard Kouchner, à la tête de la diplomatie française entre 2007 et 2010, n'avait-il pas été un fervent défenseur de la notion de devoir d'ingérence humanitaire ? Par quel hasard les copies des pièces d'identité de Michel Atangana ont-elles disparu de l'ambassade de France, alors même que ses papiers étaient confisqués lors de son arrestation ?

Michel n'a reçu aucune protection consulaire de la France douze années durant. Il a fallu une incroyable mobilisation – la reconnaissance de son statut de prisonnier politique par le département d'État américain, les rapports de Freedom House, d'Amnesty International, des Nations unies et une campagne médiatique dérangeante – pour que la France glisse enfin un message au président Biya l'incitant à réagir.

Le médiateur Jacques Toubon, Défenseur des droits en 2015, expliquait que la « double nationalité franco-camerounaise » de Michel Atangana empêchait toute intervention. La France n'avait donc rien à se reprocher. Quant à Laurent Fabius, alors ministre des Affaires étrangères, à l'occasion d'un entretien sur France 2, à la question de savoir si la diplomatie française avait joué un rôle, il s'en était tenu à une réponse laconique, soulignant sa « satisfaction que ce Franco-Camerounais soit maintenant libre[12] ».

Michel Atangana est français! Mensonges volontaires ou ignorance flagrante du dossier?

En France, son cas n'a jamais été reconnu comme symbolique. Pourtant, il l'est. Hautement. Pas d'avion de la République pour assurer son rapatriement, pas davantage de déclaration du ministère des Affaires étrangères, ni de président ou de ministre pour l'accueillir sur le tarmac, comme il est d'usage à la descente d'avion au retour d'otages ou de prisonniers politiques français. Sa libération s'est déroulée dans une relative discrétion. Volonté délibérée de l'État? Tant d'interrogations restent en suspens. S'il avait été français « de souche », aurait-il été « oublié »? Quel prix a une vie, même si elle n'est pas « extraordinaire »? S'il était blanc, son sort aurait-il été différent?

À l'heure où nous bouclons ce livre, Michel Atangana attend toujours la reconnaissance et la réparation de ses terribles années de vie massacrées. Après l'avoir abandonné douze années à son sort sans protection consulaire, après avoir mis cinq années supplémentaires à le libérer de dix-sept années d'un enfermement inhumain, la France l'abandonne dehors depuis sept ans. Alfred Dreyfus a attendu douze longues années sa

12. Source : www.diplomaties.gouv.fr, le 26 février 2014.

réhabilitation. Depuis vingt-cinq ans, Michel Atangana attend la sienne.

Le dossier reste complexe, sur le terrain juridique tant que politique. Quels sont les droits d'un homme, victime à ce point, et de manière caractérisée et indéniable, de la négation de ses droits fondamentaux ? En France, la procédure est claire avec un mécanisme d'indemnisation et de réhabilitation. Pourtant la Commission d'indemnisation des victimes (CIVI[13]), saisie par Michel Atangana à sa libération, a rejeté sa demande.

Depuis son retour, la France se désole de ne rien pouvoir faire tant que la justice camerounaise ne l'aura pas réhabilité, prétextant le principe de non-ingérence dans les décisions judiciaires d'un État souverain. Ce principe validerait donc la détention arbitraire ? Douze années d'abandon total ne valent-elles pas largement réparation ?

Pour seule réponse, le gouvernement se borne à répéter reconnaître l'avis des Nations unies et dit « suivre avec la plus grande attention et au plus haut niveau de l'État la situation de Michel Atangana » (voir l'Annexe IX – extrait de courriers adressés par Jean-Yves Le Drian, ministre de l'Europe et des Affaires

13. La Civi peut être saisie par toute personne de nationalité française ayant subi un préjudice résultant de faits, commis en France ou à l'étranger, présentant le caractère matériel d'une infraction. La Civi a rejeté la demande d'indemnisation de Michel Atangana en septembre 2016, arguant qu'« en l'absence d'éléments suffisants sur l'infraction alléguée, l'information judiciaire était toujours en cours ».

étrangères, à des députés français). De belles paroles diplomatiques qui n'engagent à rien. D'action, on n'en voit pas davantage que d'indemnisation de la Civi.

Alors, lorsque Michel Atangana accuse le Quai d'Orsay, la cellule Afrique de l'Élysée et la justice française de l'avoir abandonné pendant sa détention[14] et depuis sa libération, comment lui donner tort ? Comment ne pas sombrer dans l'incompréhension ?

La défense de Michel Atangana a pourtant déposé une plainte avec constitution de partie civile pour séquestration arbitraire auprès du doyen des juges d'instruction du tribunal de grande instance de Paris dès 2011. L'information judiciaire, instruite par la juge Sabine Kheris, a quant à elle débuté en 2014, après que la Cour de cassation a cassé la décision d'irrecevabilité de la plainte aux motifs que les faits énoncés « étaient de nature à causer au plaignant un préjudice personnel et direct » et que « le juge d'instruction a l'obligation d'informer sur tous les faits résultants de la plainte [...] et que cette obligation n'est pas contraire en son principe à l'immunité de juridiction des États étrangers ». L'audition de Michel par la juge n'a eu lieu qu'en 2016.

En 2019, le ministère public, au terme de près de huit années d'information judiciaire, a conclu à « la

14. Aucune suite n'a été donnée aux plaintes pour séquestration arbitraire déposées auprès du procureur de la République de Paris le 9 décembre 2010, puis avec constitution de partie civile au TGI de Paris le 22 juin 2011.

matérialité des faits » mais considéré « qu'aucune suite ne pouvait être envisagée en raison de l'immunité de juridiction dont bénéficient les auteurs, coauteurs et complices des faits ».

Pourtant, dans le cas de Michel Atangana, l'immunité de juridiction de l'État camerounais ne fait pas obstacle aux poursuites de ses agents puisque le caractère arbitraire de la détention, en violation des engagements internationaux du Cameroun, a été constaté dans l'avis de l'ONU.

Mais cet avis n'a aucun pouvoir contraignant sur les États, en l'occurrence sur le Cameroun. Si le gouvernement français l'a confirmé et ne peut nier le caractère arbitraire de sa détention, la grâce présidentielle camerounaise ne dit pas que l'emprisonnement d'origine était arbitraire et la justice camerounaise ne l'a pas réhabilité (voir l'Annexe VIII – *Le Canard enchaîné* du 22 mai 2019).

Pour Roland Adjovi, président du groupe de travail onusien, l'affaire Atangana représente « la contradiction profonde des États sur le sujet et un déni de l'être humain. La France n'est pas coupable de la détention de M. Atangana. Mais, en tant que premier défenseur du groupe de travail aux Nations unies, elle devrait en respecter les conclusions et accompagner son ressortissant dans sa réhabilitation ».

En prenant ses fonctions de ministre de la Justice, maître Dupond-Moretti a dû abandonner le dossier. L'équipe de son ancien cabinet, dirigée par maître Antoine Vey, a pris la relève. Un combat qu'a rejoint début 2021 l'avocat Patrick Maisonneuve qui, lui aussi, s'est engagé à l'appel de Michel Atangana.

Tous sont impressionnés par son intelligence, son équilibre, sa différence. Ils ont découvert la réalité physique et psychologique d'un homme qui a passé près de vingt ans dans des conditions inhumaines. Michel se déplace différemment, son appréhension de l'espace et du temps est déformée. Un couloir, une pièce sont des volumes dont il a perdu l'habitude, et il peut facilement s'égarer. Son temps n'est pas le nôtre. Son besoin de parler est intense. « J'ai été frappé par sa détermination absolue imprégnée d'un calme total. Une détermination qui se vérifie lorsqu'on découvre ce qui lui est arrivé. Car combien d'êtres humains auraient pu résister au sort qui lui a été réservé ? Son histoire est pour moi la chronique d'une mort annoncée », confie maître Maisonneuve.

Michel a rapidement réalisé qu'il lui faudrait se satisfaire d'être libre, que la France n'en ferait pas davantage pour accompagner sa reconstruction. Une prise de conscience d'une violence inouïe qui réveille le même sentiment d'abandon éprouvé dans sa cellule. Comment guérir quand la souffrance est niée ? Comment se relever quand la justice est bafouée ? Son besoin fréquent de se retirer dans une forme de solitude n'en est sûrement que renforcé.

Pour se ressourcer, l'homme, aujourd'hui âgé de cinquante-six ans, rejoint régulièrement sa famille de cœur à Saint-Pol-de-Léon, loin du monde et des sollicitations.

Si sa peine est incurable, retrouver les siens l'aide à tenir, à supporter l'injustice, à affronter les cauchemars.

Ses parents de cœur, René et Catherine Grall, m'ont longuement parlé de lui, avec tendresse et admiration. Ils l'ont épaulé adolescent dans l'épreuve de sa maladie ; ils ont bataillé pour sa libération et ils restent ses premiers soutiens pour l'aider à supporter la liberté. Se remémorer l'enfer qu'a traversé ce fils choisi fait monter les larmes aux yeux de Catherine. Elle murmure : « Nous avons de la chance de n'être restés en prison avec lui que deux années. » Une phrase qui témoigne de l'ampleur de cet amour, de l'intensité de leur lutte pour sa libération.

Quant à René, il veut rester fort pour encourager Michel à temporiser, à respirer, à trouver un second souffle. Ensemble, ils font de longues marches au bord de l'océan. René est là, tout simplement, même si Michel se livre peu et verrouille ses douleurs. René parle de lui comme un père qui s'inquiète pour son fils. « C'était un ado plein de certitudes. Tellement têtu ! Il mérite vraiment d'être breton ! Quand il était gamin, il cherchait un point d'ancrage. À sa sortie de prison, il avait besoin d'une attache. Quand nous l'avons perdu, c'était un jeune homme impatient, sûr de lui. Nous avons retrouvé un homme sage, d'une sagesse impressionnante. »

Les Grall s'en veulent toujours de ne pas avoir réagi plus tôt après sa disparition. Ils n'ont appris que tardivement son calvaire. Avant de prendre ses fonctions au Cameroun, Michel était passé à Saint-Pol-de-Léon.

« Il était si enthousiaste à l'idée de ce travail ! Il nous avait apporté un tableau africain en écorce de bois », raconte Catherine. Quelque temps plus tard, Michel leur avait annoncé qu'il voulait les inviter à Yaoundé. Puis, plus rien. Quatorze années durant. René et Catherine ont vécu ce silence dans l'incompréhension, la tristesse aussi : « C'était épouvantable. Chaque fête de famille, il manquait quelqu'un. » Mais ce sont des gens discrets. Jusqu'à ce jour de décembre 2011 où, à force de recherches, l'une de leurs filles a découvert la page Facebook « Freedom pour Thierry Atangana ». Le choc fut absolu. La famille était effondrée. « C'était impossible. Doublement impossible puisque Michel voulait être prêtre et ne s'était jamais mêlé de politique », martèle Catherine. Le couple modeste, un brin militant et très chrétien, s'est jeté dans une incroyable croisade. Ils ont lancé des pétitions, travaillé à éveiller les consciences, convaincu le conseil municipal de la ville de Saint-Pol-de-Léon de voter une motion pour sa libération, multiplié les actions, les tracts, allant jusqu'à se rendre au Vatican ! Paul Biya devait y rencontrer le pape en octobre 2013. Alors Catherine l'a devancé ! Cette femme qui ne voyage pas s'est envolée pour Rome remettre un dossier au pape François. Le mois suivant, elle apprenait par des prêtres que Biya, souhaitant « obtenir » un nouvel évêque, s'était entendu répondre : « Quand le cas Atangana sera réglé ! » Quand on dit que l'amour déplace des montagnes…

Comme pour sceller cet ancrage breton, le 29 juin 2019, les élus de Saint-Pol-de-Léon, portés par leur maire, Nicolas Floch, ont nommé Michel citoyen d'honneur de leur ville.

La cérémonie fut belle, forte, émouvante. Le discours du maire empreint d'une émotion vraie, inoubliable. « Ton combat, Michel, pendant dix-sept ans, se poursuit, il est important tant pour toi que pour tous nos concitoyens détenus dans le monde de le faire perdurer. Au regard de ton parcours, de l'homme que tu es, des valeurs que tu défends, je suis très heureux de te décerner le titre de citoyen d'honneur de la ville de Saint-Pol-de-Léon, au nom de cette ville et de ses habitants. »

La gorge nouée, Michel ne pouvait pas dire son discours. Il fut juste capable de murmurer un faible merci, tandis que les larmes inondaient son visage. René, son père de cœur, l'avait pris dans ses bras. « Personne n'imaginait que ce geste symbolique serait si important pour lui », confie-t-il d'une voix vacillante. Un moment d'une humanité intense qui consolait et réconciliait de la cruauté dont l'homme est capable. L'assistance pleurait. Tous réalisaient qu'au-delà de sa force, la douleur de Michel était là, toujours; une fragilité latente née du mépris et de ces années plongées dans les ténèbres.

Aujourd'hui le combat de Michel est loin d'être fini. Il y consacre toute son énergie. Pour lui, pour ses fils, au nom de tous ceux qui subissent tortures et emprisonnement arbitraire. « L'indifférence est un cancer qui tue la vie », martèle-t-il. Il n'est pas homme à renoncer.

Michel se bat. Un combat éprouvant. S'il est libre, il a tout perdu, prisonnier d'une justice qui ne l'a pas innocenté. Il a écrit à l'Élysée, au Quai d'Orsay, au président de l'Assemblée nationale. La foi qui l'a aidé à supporter l'enfermement, l'humiliation, l'écrasement s'avère plus nécessaire que jamais au moment de vivre libre et de combattre pour faire reconnaître son innocence.

Aujourd'hui encore, sa situation est ubuesque. Reconnu comme séquestré arbitrairement, il reste dans la position d'un coupable. Michel vit à Paris et s'il parvient à joindre les deux bouts, c'est grâce à l'aide de ses soutiens et amis.

En l'état, son seul espoir réside dans la signature d'un décret de réhabilitation par le président de la République du Cameroun.

Face à l'inertie prolongée des États et de la justice, Michel Atangana a trouvé un nouvel allié de poids en la personne de maître Patrick Maisonneuve. L'avocat déclare être face à un dossier unique en matière de manquements aux droits de l'homme et il considère qu'il est temps de durcir le ton et de relancer une action judiciaire forte sur plusieurs fronts : « Sur le plan politique, dans le prolongement de ce qu'a fait le président Hollande auprès du président Biya, il faut intervenir afin que la France, dans le cadre de ses relations futures avec le Cameroun, demande instamment réparation des dommages causés à ce citoyen français. Il faut également appuyer la proposition de loi sur la protection des Français à l'étranger et initier des démarches auprès des instances européennes afin que tous les citoyens européens puissent bénéficier d'une protection dans le respect des droits de l'homme. En parallèle, il s'agit aussi de relancer une action judiciaire pour assurer enfin l'indemnisation par la Civi des conséquences physiques, psychologiques et matérielles liées à ces années d'un enfermement inhumain, ainsi que de celles consécutives à son préjudice de grâce. Une action pénale doit être engagée pour obtenir de la cour d'appel de Paris qu'elle ordonne que les responsabilités individuelles des autorités camerounaises soient recherchées. Enfin, il est grand temps d'engager une action civile contre l'État français du fait du comportement des autorités consulaires et notamment des ambassadeurs de France successifs de l'époque qui ont douze années durant totalement ignoré, et on peut le craindre délibérément ignoré, le sort terrible réservé à un citoyen français. »

Au-delà de son cas personnel, la volonté de Michel est d'œuvrer comme il le peut au renforcement de la paix et de la justice. Son affaire montre les failles du fonctionnement de l'État dans la protection de ses citoyens. S'il ne guérira jamais des séquelles de l'enfermement subi, son ambition est de transformer son drame en acte positif. Au-delà de sa propre réhabilitation, il milite pour la libération des Français détenus à travers le monde de manière inhumaine et arbitraire. Le constat est sans appel : les institutions ne protègent pas les millions de Français expatriés. Il est pourtant des cas qui devraient relever d'une justice internationale.

C'est dans cette perspective que Michel Atangana travaille avec le député Pierre-Alain Raphan sur une proposition de loi destinée à mieux protéger les Français à l'étranger. Une loi qui vise à améliorer les procédures d'accompagnement et d'indemnisation des victimes de détention arbitraire. Une loi dont la portée est considérable : elle protégera les personnes en mobilité internationale (3,5 millions de Français – l'Insee donne le chiffre de 6 millions), les 9,5 millions de binationaux et les 2 500 détenus français à l'étranger. Son adoption s'inscrirait dans le corpus juridique européen et éviterait qu'un tel drame ne se reproduise.

Présentée par le député Pierre-Alain Raphan, cette proposition de loi a été enregistrée à l'Assemblée nationale le 14 octobre 2020. Son adoption donnerait un peu de sens aux dix-sept années de vie assassinées de Michel Thierry Atangana.

Le 4 septembre 2020, dans son discours au Panthéon à l'occasion de la célébration du 150e anniversaire de la proclamation de la République, le président Emmanuel Macron a déclaré : « Être français, c'est d'abord aimer passionnément la liberté [...], c'est reconnaître en chaque femme, en chaque homme une même dignité. Être français, c'est aimer la justice [...]. Être français n'est jamais seulement une identité. C'est une citoyenneté. Ce sont des droits qui vont avec. Ce sont aussi ses devoirs [...]. C'est un combat chaque jour recommencé. Alors ensemble, formons cette France unie qui peut tout vaincre. »

Si le président ne serre pas la main aux chefs d'État d'Afrique centrale aux modes d'élection douteux, le Quai d'Orsay n'a pourtant pas hésité en 2018 à transmettre à Paul Biya « ses vœux de réussite » pour son septième mandat, quand dans le même temps, le département d'État américain dénonçait les irrégularités de ces mêmes élections. À quatre-vingt-cinq ans, dont trente-six années au pouvoir, le président Biya a été reconduit pour un mandat de sept ans avec 71,28 % des suffrages. Il faut voir là le triomphe de la fameuse « force de l'expérience », sans doute !

Depuis sa libération, l'État français a abandonné Michel Atangana une seconde fois. Au-delà des discours et des belles déclarations, l'aider et aller au bout du sursaut qui a permis sa grâce serait le moins que le pays pourrait faire.

« La France est une nation qui n'abandonne jamais ses enfants quelles que soient les circonstances et fût-ce à l'autre bout de la planète[15] », a déclaré le président Macron.

Il est temps de le prouver.

---

15. Extrait du discours du président Emmanuel Macron le 14 mai 2019 aux Invalides, lors des obsèques de deux soldats français morts au Burkina Faso.

ÉPILOGUE

Je vis enfermé dehors

On a beau me dire « Tu es libre, c'est ça le plus important », il faut être reconnu dans sa dignité et ses droits pour être libre. Moi je vis dans une prison sans barreaux, je vis en devant supporter une faute que je n'ai pas commise, je vis sans reconnaissance, je vis sans réparation. Je porte le fardeau de dix-sept années d'une vie assassinée. Je vis enfermé dehors.

Je songe souvent à cette question de mon fils Éric au matin de nos retrouvailles à Roissy. Une question qui m'a pris au dépourvu, même si à la réflexion elle était logique. D'ailleurs tous allaient me la poser encore et encore : « Comment as-tu fait pour survivre à dix-sept années d'enfermement dans cet enfer? » Cette interrogation, j'ai compris qu'elle relevait de l'étonnement. Chacun me demandait comment tenir. Une raison, une méthode, une motivation. Presque un mode d'emploi! J'ai compris que personne ne s'imagine pouvoir sortir vivant d'une situation semblable.

Il n'y a pas de réponse évidente. Je n'ai pas eu le choix ; j'ai subi. Qu'est-ce qui fait qu'on survit au mépris et à l'humiliation ? Il n'y a pas davantage de réponse rationnelle à cette question.

Il m'aura fallu cette longue et douloureuse introspection pour tenter d'y répondre. Je réalise que je dois ma survie à une multitude de choses, des plus insignifiantes en apparence aux actes les plus nobles. On ne survit pas seul, on survit grâce à ceux qui se souviennent de votre existence et luttent à vos côtés pour la justice. Et dans les heures de profonde solitude, on survit si on a la foi en quelque chose. Pour ma part, ce sont la parole du Christ, la prière et mon éducation religieuse qui m'ont définitivement sauvé.

Je sais que la souffrance, la violence et l'indifférence sont le lot quotidien d'une grande majorité de l'humanité. J'en ai connu ma part, et j'ai compris que les témoignages, les récits de ceux qui ont vécu des situations semblables à la mienne sont de nature à soutenir ceux qui y sont confrontés. Ils sont une aide face à l'isolement mortifère et à l'angoisse.

Je ne demande rien d'autre à la France que d'appliquer les lois de la République. Je demande à la France d'appliquer l'avis des Nations unies. Il ne s'agit pas de reconnaître un droit mais de mettre à jour une législation en retard sur l'avancée en matière de droits de l'homme qu'a permis le groupe de travail de l'ONU, créé de surcroît sous l'impulsion de la France, du magistrat Louis Joinet et du diplomate Stéphane Gompertz, ainsi que de l'avocat américain Reed Brody. Un avis pourtant contraignant – conformément à l'engagement international de la France et du Cameroun – dès lors que le caractère arbitraire des procédures judiciaires ayant mené à une condamnation est constaté. Je suis la première victime à m'être rendu au siège des Nations unies après ma libération pour en demander l'application.

La résignation est le cancer de la société, et j'ai choisi de la combattre. Un homme doit tout faire pour lui-même et pour la société afin de réparer les préjudices moraux.

Louis Joinet m'a conseillé de lancer une procédure non civile mais pénale, m'expliquant que mon cas était si lourd de manquements que je participerais ainsi à protéger de futures victimes. Ce fervent défenseur des droits de l'homme m'a montré la voie. Et il avait raison.

Les bourreaux sont là. Ils font leur travail contre la dignité humaine. Il faut les renverser par la persévérance, ne jamais reculer devant ceux qui vous frappent. C'est là qu'est la véritable confiance en Dieu.

Tenir bon ne consiste pas à faire le dos rond, non, mais bien à se laisser transformer par l'attente elle-même. Une subtile rencontre avec le Seigneur. D'autres avant moi ont fait cette rencontre en trouvant la force de rester droits malgré les coups. Ceux-là ont survécu, et ils ont gagné la vie une deuxième fois.

EXTRAITS MÉDIATIQUES ET DOCUMENTS OFFICIELS

Annexe I
Extrait de la lettre de François Hollande à Michel Thierry Atangana du 23 janvier 2013

« Quels que soient les crimes que vous ayez commis, la peine qui vous a été infligée le 4 octobre dernier est particulièrement lourde, alors que vous aviez déjà purgé une peine d'emprisonnement de quinze ans [...].

Au lendemain de votre seconde condamnation, le gouvernement français a marqué sa déception et sa préoccupation [...]. La durée des peines qui vous ont été infligées oblige les autorités à sortir de la réserve habituellement de mise concernant les Français incarcérés à l'étranger. [...]

Dans le cadre des relations denses qu'entretiennent nos deux pays [...] je ne manquerai pas lors de mes prochains contacts avec mon homologue camerounais, de lui dire à nouveau l'importance que j'attache à ce que votre cas fasse rapidement l'objet d'un traitement équitable. »

Annexe II
Extrait du rapport d'Amnesty International du 24 janvier 2013

« La détention prolongée de Michel Atangana semble être motivée par son opposition réelle ou supposée au gouvernement et, à ce titre, il est perçu comme un prisonnier d'opinion. [...] Ce cas illustre la façon dont le processus judiciaire peut être détourné pour réduire au silence les individus soupçonnés de s'opposer, réellement ou non, au gouvernement [...]. »

Le rapport dénonce « les graves atteintes aux droits humains » relevées au Cameroun et « les exécutions illégales, les mauvaises conditions d'incarcération, la censure des opposants et journalistes, et les attaques contre les homosexuels. La population du Cameroun subit de multiples atteintes aux droits humains, parmi lesquelles des exécutions illégales et des actes de torture, alors que les autorités tentent d'utiliser la justice pénale pour museler les opposants politiques, les défenseurs des droits humains et les journalistes ».

Annexe III
L'Express du 30 janvier 2013, par Pascal Ceaux

« *Le sort de Michel Atangana au cœur de la rencontre Hollande-Biya*

Le président camerounais Paul Biya sera reçu mercredi à l'Élysée pour plaider le renforcement des liens économiques de la France avec son pays. François Hollande évoquera pour sa part le cas d'un Français détenu arbitrairement depuis seize ans à Yaoundé. Paul Biya aurait sans doute préféré une arrivée plus discrète. À l'heure où le président du Cameroun franchira le seuil pour rencontrer le chef de l'État, François Hollande, mercredi 30 janvier, un rassemblement exigera à quelques mètres de là, la libération de Michel Thierry Atangana.

Car ce Français de quarante-huit ans, condamné une première fois en 1997 à quinze ans de prison, puis une seconde fois à vingt ans en 2012 pour les mêmes faits de corruption en l'absence de preuve contre lui, est désormais soutenu par un comité monté à Paris par SOS Racisme.

Plusieurs personnalités tels le président d'Yves Saint Laurent, Pierre Bergé, les anciennes ministres Edwige Avice et Corinne Lepage, ou encore la comédienne Josiane Balasko se sont associées à la démarche en faveur du prisonnier dont l'incarcération arbitraire depuis seize ans dans les sous-sols du secrétariat à la Défense à Yaoundé sème désormais le trouble dans les relations franco-camerounaises.

La sortie de cette crise larvée est l'un des enjeux de la rencontre Biya-Hollande. Ce sommet a été organisé à la demande du président camerounais. Il souhaite le renforcement des liens économiques unissant les deux pays. Mais Paul Biya ne peut ignorer la préoccupation de Paris. En marge du sommet de la Francophonie à Kinshasa (Congo) en octobre 2012, François Hollande l'avait directement interpellé sur le sort d'Atangana, sans obtenir de réponse.

"Son sort doit être le centre des discussions à l'Élysée"

Selon des sources élyséennes, le président de la République a bien l'intention de revenir à la charge à l'occasion du rendez-vous parisien de ce mercredi. Le cas du ressortissant français ainsi que celui des atteintes graves aux droits de l'homme visant les homosexuels seront abordés. Paul Biya prendra-t-il à cette occasion des engagements en faveur de Michel Thierry Atangana ? Ceux-ci ont-ils été négociés dans le cadre de la préparation de la visite ?

La famille du détenu le souhaite de tout cœur, elle qui a combattu de longues années dans l'indifférence et qui se félicite de la récente mobilisation autour de son parent. "Il faut à tout prix que les deux États puissent trouver un accord pour que Michel soit libéré immédiatement" dit Honorine Ewodo, la sœur du prisonnier. La santé du reclus rend la décision urgente. Selon son autre sœur, Danièle, Michel Atangana souffre beaucoup d'un pied. “Et il est très difficile de le soigner, ajoute-t-elle. Pour accéder à l’hôpital, il lui faut patienter plusieurs mois !” “Vraiment, supplie Éric, l’aîné des deux fils, son sort doit être le centre des discussions à l’Élysée, et pas les problèmes économiques [...].”

Dans les prochains jours, les parents du prisonnier de Yaoundé seront reçus au Sénat et par le maire de Paris (PS), Bertrand Delanoë. Ils doivent ensuite rencontrer avec le comité de soutien, Hélène Conway, ministre des Français de l’étranger. Mais ils rêvent secrètement de ne pas avoir à attendre jusque-là. À l’issue de son rendez-vous avec François Hollande, Paul Biya participera mercredi après-midi à une conférence de presse. En profitera-t-il pour prendre un engagement en faveur du détenu ? [...] »

Annexe IV
Le Nouvel Observateur n° 2526 d’avril 2013, par François Caviglioli

« *La justice plutôt que la grâce*

Un conflit financier et théologique embarrasse l’État camerounais. [...] D’un côté le président Paul Biya, ancien élève des Pères blancs alsaciens, un autocrate déchiré entre son amour de l’argent et ses scrupules religieux. De l’autre, Thierry Atangana, un prisonnier d’État qui, quotidiennement va à la messe dans ce camp militaire, son lieu de détention à Yaoundé où il est au secret depuis seize ans. L'enjeu : un magot de 278 milliards de francs CFA, soit près de 500 millions d'euros [...].

Nommé par un décret qui n'a jamais été abrogé président du Copisur, Atangana fait des miracles. Il devient le représentant à Yaoundé de plusieurs sociétés de BTP françaises, Dumez, Socomat, Bouygues, Jean Lefebvre, et les persuade d'investir ces 500 millions d'euros qui empêchent maintenant tout le monde de dormir.

Malheureusement on a lié la fortune d'Atangana à celle d'un favori du prince, Titus Edzoa, gourou, médecin, qui s'avise en 1997 de se présenter à la présidence. P. Biya tolère des élections mais exige d'être le seul candidat. Edzoa est arrêté : Atangana entraîné dans cette chute, est condamné par deux fois à quinze et vingt ans de prison pour détournement de fonds, sur un dossier vide, selon sa défense. Au début, la France ne se soucie pas trop de son sort. Puis Bruno Gain, notre ambassadeur à Yaoundé, lui apporte son aide. François Hollande évoque deux fois successivement son cas lors des rencontres avec le président camerounais. Cette intervention, jointe aux voix célestes qui parlent toujours à l'oreille de Paul Biya, devrait prochainement conduire en douceur à une grâce.

Le problème est que Thierry Atangana ne veut pas être gracié. Il préfère la justice à la grâce [...]. Le délégué général à la Sécurité nationale l'a informé, dans une note confidentielle, que les sociétés étrangères ayant investi dans le Copisur pourraient se retourner contre l'État camerounais. La position du Cameroun serait plus confortable si Thierry Atangana reconnaissait sa culpabilité en se contentant d'une grâce. Atangana le sait et refuse : "Je peux encore attendre vingt ans." »

Annexe V
Le Canard enchaîné du 15 juillet 2009, par Jean-François Julliard

« *Un prisonnier français oublié au Cameroun*

Depuis douze ans, un citoyen français, Michel Thierry Atangana Abega, croupit au fond d'une prison du Cameroun, située dans les sous-sols du secrétariat à la Défense, à Yaoundé. Une détention – officiellement de "droit commun", mais en réalité très politique – qui embarrasse beaucoup la France.

Ni les diplomates en poste au Cameroun ni le Quai d'Orsay ne se sont en effet démenés pour qu'Atangana finisse au moins sa peine en France. Pas plus que Sarkozy, pourtant alerté depuis deux ans par ses avocats [...].

Atangana et Edzoa pourraient prochainement écoper d'une nouvelle peine de prison (quinze ans, murmure la presse locale). Sauf si Sarko s'attache enfin à démontrer que nos bonnes relations avec ce régime (et avec le pétrole) n'empêchent en rien de plaider la cause d'un compatriote. »

Annexe VI
L'Express du 9 janvier 2014, par Pascal Ceaux

« *Dupond-Moretti, avocat star au secours de Michel Atangana*

Maître Éric Dupond-Moretti vient de prendre la défense du Français détenu depuis 1997 au Cameroun dans des conditions irrégulières. Avec ce renfort de poids, le comité de soutien au prisonnier espère obtenir sa libération.

C'est en dehors du prétoire que maître Dupond-Moretti a cette fois décidé de faire entendre sa voix. Le célèbre avocat, surnommé "Acquitator" pour ses résultats devant les cours d'assises où nombre de ses clients ont été déclarés innocents, vient de prendre la défense de Michel Atangana, un Français détenu au Cameroun depuis plus de seize ans. "Il n'y a pas un avocat qui peut rester insensible à une situation comme celle-là", a-t-il indiqué jeudi 9 janvier, pour expliquer son intervention dans un dossier qui embarrasse les relations franco-camerounaises depuis plusieurs mois. "Il ne faut pas que la situation de cet homme tombe dans l'oubli", a-t-il ajouté.

Irrégularités "surréalistes, kafkaïennes"

Condamné une première fois en 1997 nuitamment et sans l'assistance d'un avocat pour des détournements de fonds dont la matérialité n'a jamais été prouvée, Michel

Atangana a été rejugé l'année dernière et sanctionné d'une nouvelle peine de vingt ans d'emprisonnement. Et ce pour les mêmes faits en contravention avec une règle aussi vieille que le droit qui veut qu'on ne peut être jugé deux fois pour les mêmes faits. Maître Dupond-Moretti a souligné comme à plaisir les multiples irrégularités "surréalistes, kafkaïennes" dont a été victime le Français, selon lui sous le coup d'une "véritable lettre de cachet judiciaire" [...]. »

Annexe VII
Interview RFI du 19 février 2014, par Christophe Boisbouvier

« *Issa Tchiroma Bakary : "Atangana pourrait bénéficier du décret présidentiel"*

Christophe Boisbouvier : Le président vient de signer un décret portant commutation et remise de peine. Pouvez-vous nous en dire plus ?

Issa Tchiroma Bakary : Dans la ferveur populaire et la liesse populaire, le peuple camerounais dans son ensemble est en train de célébrer le triomphe de son vouloir-vivre. Parce que l'indépendance et la réunification ont eu lieu, il y a plus de cinquante ans, et par l'esprit de tolérance et de pardon le chef de l'État, investi de pouvoir de remise de peine, a donc fait valoir ce pouvoir que lui confère la Constitution, a effectivement signé ce décret.

CB : Est-ce que Michel Thierry Atangana est concerné par ce décret ?

ITB : Je pourrais vous dire que si d'aventure M. Atangana, M. Edzoa et tous les autres, remplissent les conditions telles que définies par le décret, il va sans dire qu'ils bénéficieront, Atangana et tous les autres, du décret du chef de l'État.

CB : Et est-ce que Michel Thierry Atangana et Titus Edzoa entrent dans la définition de ce décret ?

ITB : Je présume que Michel Thierry Atangana et le professeur Edzoa entrent dans cette catégorie. Mais il appartient à l'expertise judiciaire basée dans nos lieux de détention de dire qui remplit les conditions. Mais je pense qu'ils réunissent effectivement les conditions. Je parle au nom du gouvernement et je ne voudrais pas dire des choses qui ne se révéleront pas exactes.

CB : S'ils réunissent ces conditions, d'ici combien de temps seront-ils libérés ?

ITB : Je ne saurais dire. Là, je suis à Buea, où se trouve le chef de l'État en train d'organiser les festivités marquant la célébration du cinquantenaire de la réunification et de l'indépendance. Ça peut arriver lorsque les conditions administratives seront réunies.

CB : Dans les heures qui viennent ou au maximum dans les jours qui viennent ?

ITB : Je ne sais pas, ce décret est impersonnel. Si ces messieurs, ces Camerounais, réunissent les conditions, ils seront élargis dès lors que les conditions administratives seront réunies.

CB : Est-ce une mesure de clémence de la part du chef de l'État ?

ITB : J'ai parlé tout à l'heure de l'indulgence, de la tolérance, de l'esprit de pardon. C'est dans cet état d'esprit qu'est la nation camerounaise, qui célèbre la réunification. Le chef de l'État à l'écoute de sa nation, humaniste, tolérant, magnanime, a donc signé ce décret.

CB : Le Comité des droits de l'homme de l'ONU s'est saisi de ce dossier. Est-ce une des raisons pour lesquelles le président a décidé cette mesure ?

ITB : Le président de la République du Cameroun n'obéit pas. Le président de la République obéit à sa conscience, à la volonté de sa nation. Et c'est au nom de la nation qu'il fait respecter les lois. Le Cameroun est signataire de tous les instruments des Nations unies, de l'Union africaine, en matière de liberté des droits de l'homme et de la démocratie. Et le Cameroun étant un État de droit ne fait que respecter tous ses engagements, nationaux et internationaux.

CB : Michel Thierry Atangana est de nationalité française. Le président Hollande s'est ému de sa situation. Est-ce que le président Biya a entendu cette émotion ?

ITB : Je n'étais pas présent quand cela s'est passé, mais je peux vous dire que le Cameroun, le gouvernement camerounais ne s'immisce pas dans les questions judiciaires françaises. Et je pense que c'est réciproque. Maintenant, les deux chefs d'État ont parlé. Je me souviens d'une chose; au sortir de son audience à l'Élysée la dernière fois, le chef de l'État du Cameroun a dit qu'aussi longtemps que la justice camerounaise n'aura pas définitivement statué, il ne peut prendre aucune décision en raison de la séparation des pouvoirs. Maintenant que le cas a été définitivement décidé, je pense que cette décision va dans le sens de ce qu'attend effectivement le président français. Mais cela dit, au Cameroun la nationalité ne saurait être un passe-droit et ne confère pas un privilège spécial. »

Annexe VIII
Le Canard enchaîné du 22 mai 2019, par Jean-François Julliard

« *Des Français persécutés à l'étranger*

Un compatriote français peut-il être maltraité et emprisonné abusivement à l'étranger sans que la France ait le droit de bouger le petit doigt? C'est ce que semble conclure le parquet de Paris qui vient, au début d'avril, de rendre son réquisitoire définitif sur l'affaire Michel Atangana. Le "doyen" français des prisonniers d'opinion – dix-sept ans de détention arbitraire au Cameroun – avait déposé une plainte depuis sa prison, en 2010. Il a été libéré en 2014. La justice a battu des records de vitesse [...]. La condamnation de cet homme d'affaires pour détournement de fonds publics dans un projet d'infrastructure routière – en réalité pour motifs politiques – est reconnue comme totalement injustifiée.

Malgré cela, aucune réparation n'est possible, estime le procureur, signataire du texte. Il invoque un drôle de point de droit, "l'immunité de juridiction" qui bénéficierait aux responsables camerounais de cette séquestration [...]. Sauf que la justice internationale pense tout le contraire !

Cette immunité n'est pas applicable affirment les experts de l'ONU, lorsque le pays viole les conventions sur les droits de l'homme qu'il a signées, ce qui est le cas. Or, si les ex-ministres à l'origine de l'arrestation étaient poursuivis, l'ex-détenu pourrait se voir rétabli dans ses droits et dédommagé en France par la Commission d'indemnisation des victimes d'infractions (Civi). [...] »

Annexe IX
Extraits de lettres adressées par Jean-Yves Le Drian, ministre de l'Europe et des Affaires étrangères

Lettre du 2 juillet 2019 adressée respectivement à Pierre-Alain Raphan, député de l'Essonne, et Olivier Falorni, député de la Charente-Maritime :

« La situation de M. Atangana est bien connue de ce ministère et a été suivie avec la plus grande attention par les autorités françaises, au plus haut niveau, qu'il s'agisse de la mise en œuvre de la protection consulaire à son bénéfice ou des démarches qui ont contribué à sa remise en liberté.

Je prends bonne note que M. Atangana a entrepris des démarches auprès des autorités camerounaises pour obtenir l'indemnisation des préjudices qu'il a subis et une réhabilitation intégrale, sur la base notamment de l'avis n° 38/2013 rendu par le groupe de travail des Nations unies sur la détention arbitraire. La France soutient ce groupe de travail tout comme l'ensemble des mécanismes des Nations unies en matière de droits de l'homme et appelle tous les États à coopérer pleinement avec ces mécanismes, y compris le Cameroun à qui cet avis est adressé. »

Lettre du 5 mars 2018 adressée à Aude Amadou, députée de la Loire-Atlantique :

« [...] La situation de M. Atangana est bien connue du ministère. Elle a été suivie avec la plus grande attention par les autorités françaises, qu'il s'agisse de la mise en œuvre de la protection consulaire à son bénéfice au Cameroun, comme de son accompagnement dans ses démarches de retour et d'installation en France après sa libération.

S'agissant de la réhabilitation de M. Atangana, et de la question plus large des moyens pour nos compatriotes résidant à l'étranger de se prémunir contre les risques de détention arbitraire, je vous invite à prendre contact avec mon conseiller [...]. »

Lettre du 5 septembre 2017 adressée à Serge Letchimy, député de la Martinique :

« La situation de M. Atangana est bien connue de ce ministère et a été suivie avec la plus grande attention par les autorités françaises, au plus haut niveau, qu'il s'agisse de la mise en œuvre de la protection consulaire à son bénéfice ou des démarches qui ont contribué à sa mise en liberté.

Vous mentionnez l'avis n° 38/2013 rendu par le Groupe de travail sur la détention arbitraire des Nations unies. La France soutient l'avis du groupe de travail tout comme l'ensemble des mécanismes des Nations unies en matière de droits de l'homme et appelle tous les États, y compris le Cameroun, à coopérer pleinement avec ces mécanismes.

Concernant la volonté de M. Atangana d'obtenir l'indemnisation des préjudices subis, il lui appartient, en premier lieu, d'entreprendre les démarches nécessaires auprès des autorités camerounaises. »

REMERCIEMENTS

Louis Joinet†; les membres du groupe de travail sur la détention arbitraire des Nations Unies, notamment El Hadji Malick Sow et Roland Sètonji Adjovi, le département d'État américain, mon comité de soutien, notamment Émile Kwegueng et Brigitte Meku Tagako-Fotso, les ONG Freedom House, Amnesty International, SOS Racisme et tous ceux qu'ils ont mobilisés, le REDHAC, le CICR, Vanguard Africa et Jeffrey Smith, le Comité sénégalais des Droits de l'homme, Jacob Ngom et Abdoulaye Mar, Robert F. Kennedy Human Rights et Kerry Kennedy, la Raddho, l'Action des chrétiens pour l'abolition de la torture, l'association ACCOA et Myriam Zaine.

Dominique Sopo, Ibrahim Sorel Keita, Hondrine Ewodo, Paulin Assomo, les membres de l'association Sacré Chœur Marial de Mvolyé, notamment Julienne Angue et Barnabé Essindi, le groupe Saint Philippe Diacre, les membres du clergé.

Amély Ruth Cheminek et la famille de Berlin, la famille du SED, le comité de soutien de Nkolndongo, Marie Reine Atangana, les prêtres décédés venus me visiter au SED.

La diplomatie française, notamment Bruno Gain, François Zimeray et Paul Jean-Ortiz †.

Les avocats Éric Dupond-Moretti, Antoine Vey, Patrick Maisonneuve, Virginie Lemarié-Faure, Jean Djeuko, le cabinet Tchoungang, Jacques Mbuny, Dominique Tricaud, Marie Dharcourt, Marie-Pierre de Buisseret, Claudette Duhamel, Françoise Thouin-Palat, Marie-Agnès Nicolas, Anne Souléliac, Valérie Aidenbaum, Stéphanie Legrand et Jean de Dieu Momo.

Les journalistes, lanceurs d'alerte, qui ont brisé le silence, notamment Jean-François Julliard, Sorj Chalandon, Pius Njawé †, Christophe Boisbouvier, Antoine Glaser, Yasmine Chouaki, Emmanuelle Bastide, Claudy Siar, Laurent Bigot, Lionel Chevalier, Vincent Hugeux, Léger Ntiga, Katia Clarens, Pierre Creisson †, Katia Pecnic, Pascal Ceaux, Antoine Mariotti, Stéphanie Hartmann, Georges Dougueli, Pascal Egré, François Mattéi, Thomas Heng, Stéphanie Pasgrimaud.

Les élus qui ont participé au combat, notamment le président François Hollande, Pierre-Alain Raphan, Olivier Falorni, Dominique Raimbourg, Philippe Lamberts, Michèle Rivasi, Federica Mogherini, André Christophe Frassa, François de Rugy, Jean-Yves Leconte, François Kosciusko-Morizet †, Thomas Coppey, Zakia

Mortreau, Justin Paul Ndozeng, Florence Stephan, Annick Thébia-Melsan, Nour Abou Jaoudé.

Et bien sûr, tous ceux mobilisés par la Bretagne : Jean-Yves et Gisèle Pendu, Nicolas Floch, Armelle Cribier, le conseil municipal de Saint-Pol-de-Léon, Alain Château, curé de Saint-Pol-de-Léon, et les paroissiens, Marie-Claire et Michel Le Morvan, Fanch Pouliquen, Pascal Desmolin, Lénaïg et Philippe Teissier, Delphine et Paulin Assomo, Klervia Grall, Sklaerenn Grall, Maïwenn Grall, Louann Bacon, Théo Teissier, Annick Corre, Thierry Lesueur, David Derrien, Jeannine et Claude Boisson, Valérie Dore, Jacques Edern, Pierre Maille, Jean-Paul Vermot et le conseil départemental du Finistère ; Jean Luc Fichet, Agnès Le Brun, Sylvaine Vulipiani, Glenn Le Saout, Stéphanie Costa, Suzanne Tallard. Et les journalistes Ronan Tanguy, Florence Malésieux et Patrick Chevalier.

Et tant d'autres que je m'excuse de n'avoir pas cités.

Merci au *Canard enchaîné* pour avoir inspiré
le titre *Otage judiciaire*

TABLE

MIXTE
Papier issu de sources responsables
FSC® C003309

L'éditeur de cet ouvrage s'engage dans une démarche de certification FSC® qui contribue à la préservation des forêts pour les générations futures.

Pour en savoir plus :
www.editis.com/engagement-rse/

Cet ouvrage a été achevé d'imprimer sur Roto-Page par l'Imprimerie Floch à Mayenne en mars 2021
N° d'édition : 6817 – N° d'impression : 98077
Imprimé en France